陰陽論

——《易经》换代新生

屈文源 著

陕西新华出版传媒集团
陕西人民出版社

作者近照

序

这是一部什么书呢？书名《阴阳论》，和阴阳先生的迷信观念有无关系呢？

没有。

阴阳辩证法，是我国自古以来的“易经哲学” 的根本的哲理性质。孔子其时出了一部书，名为《易传》，正是讲这种辩证法的。

孔子以后研究易经哲学的人很多的，也有很多名家，可都对易经哲学的本性认识不足。先生这部书，继孔子《易传》之后，抓住阴阳二义，以阐扬易经哲学本性，横扫那些蒙蔽易经哲学本性的异端邪说，将易经哲学启明发亮，显其千古不易的理性实用主义的精神特质。

要为易经哲学命名么？就是理性实用主义。

先生在这方面尽力了。

先生在此基础上向前走了一步，对易经哲学有所刷新，如在它的政治和伦理思想方面；也有所掘进，如在我国思想史方面提出七次思想解放运动以及易经哲学在这七次思想解放运动中的作用的新说，使易经哲学从古代走向现代，从一个古老的学问变为新的学问。

先生又向前走了一步，用大量的无可否认的理论依据，阐明易经哲学的现实意义，证明《易经》的哲学思想方法在我国现代政治生活中已经发挥着主导作用，从而也证明了《易经》的哲学思想方法乃是当今世界上的最为高明的哲学思想方法。

是谁看了这部书都会感到吃惊：

原来《易经》的哲学思想这样先行！

原来我们的祖先这样圣明！

原来我们的传统文化这样精深！

现在我国正好处在一个文化转型时期的前期，一个研究传统文化的热潮已经兴起，各大学都对此十分重视，文化界的学者们、专家们也都有了各自殊异的研究计划。我为此感到鼓舞，也感到十分不安。

为什么会不安呢？

因为考虑到他们怎样进行研究的方法问题，如果研究的方法不够正确，也就研究不出正确无误的道理。

先生这部书，正好在这方面为我们提供了一个范例：

正是扶正抑邪和换代新生的方法。

是为序。

魏发祥

2015 年 12 月 12 日

前言

《阴阳论》是一部专讲易经哲学的书。

易经哲学也叫易哲学。

易哲学也叫易学。

“易”的本意是讲自然界以至人类社会的发展和进化的道理，从发展讲到进化，就说明了这是一种积极有为的哲学，是我国传统哲学中唯一的积极有为的哲学，因而也是我国传统哲学中唯一的正确的哲学。

但是这一哲学从汉代以来历史上屡遭曲解，以致面目不清，至今依旧处在被误解的境地，在现代思想文化领域依旧是个需要探讨的重大课题。

易哲学初创于元圣伏羲时代，至今已有七千余年之久了。开始表现为“八卦”符号。符号有阴有阳，蕴含着系列的阴阳哲理，在早期社会阶段起着促进社会发展进步的作用，而以口头传授的方式一代一代地传递下来。

易哲学发扬光大于轩辕黄帝时代和尧舜禹时代之间，至今已有四五千年之久了。接着表现为《易经》卦爻辞句系统。以寓言和格言的形式，阐释系列的阴阳哲理，在很长的历史过程中起着促进社会发展进步的作用。在周代初期逐渐衰落。

易哲学复兴于孔子传教时代，至今已有两千五百余年之久了。接着表现为《易传》文理系统。孔子继往开来，作了《易传》一书，开展了传授易哲学的活动，使易哲学复兴起来，对春秋战国时代以来社会文化的发展进步起到很大的促进作用。

依据以上情况，可知易哲学在历史上经历了三个阶段，表现为从《八卦》到《易经》到《易传》的发展过程。

我讲易哲学也就因势利导。

在卷一中，首先采用译述的方法，阐明《八卦》符号中蕴含着的阴阳哲理的性质，创设了八幅阴阳哲理的图像，作为易哲学入门之径。

在卷二中，接着采用译述的方法，把《易经》的卦辞、彖辞、爻辞和象辞共五百七十八段全都译述出来；从中选出在阴阳哲理方面最有代表意义的二十六段，作为易哲学进院之门。

在卷三中，继续采用译述的方法，将孔子《易传》中的讲哲理的论段全都译述出来，作为易哲学升堂之阶。

在卷四中，就讲到了我对易哲学的研究成果，就是“易哲学研究提纲”。先讲了易哲学的本体论的道理，就是二元八周结构法。再讲了易哲学的辩证法的道理，就是二元八律辩证法。再讲了易哲学的认识论的道理，就是二元八法格致法。

这三法依次论证下来，在其终端归结为理性实用主义。

所谓理性，就是实事求是的道理。

所谓实用，就是随机应变的道理。

实事求是与随机应变联结起来，就是易哲学思想方法。

我用这种思想方法研究易哲学政治思想，从中发现了很多的很有价值的政治原理，和汉代以来的封建社会的政治原理有所不同。

其中最为重要的是“阴阳易位”原理。

所谓阴阳易位，就是上下易位，是要政治上层的人作为仆人为人民大众服务，反而和现代社会的政治原理相同了，就有极为重要的现实意义。

我用这种思想方法研究易哲学伦理思想，从中发现了很多的很有价值的伦理原则，也和汉代以来的封建社会的伦理原则有所不同。

其中最为重要的是“龙马共济”原则。

是以龙象征竞争精神，以马象征博爱精神，是把竞争精神与博爱精神联结起来，作为一切伦理原则的纲领，也有极为重要的现实意义。

我用这种思想方法研究易哲学的发展史，和春秋战国时代以来的思想发展史结合起来，发现了我国封建社会长期滞塞拖延不能发展前进的奥秘。

这奥秘是什么呢？

就是春秋战国时代文化转型升级运动的失败，也就是易哲学的积极有为的哲学思想被压抑而其他消极无为的哲学思想却被抬升起来的消极后果。也发现了在春秋战国时代以后，在这两千余年以来，这种文化转型升级运动一再发生，一再失败；在这其中易哲学一再失落，一再复兴，形成我国历史上七次思想解放运动。

这说明了什么呢？

一是说明了封建统治阶级对消极无为的哲学思想一再抬升的结果以致我国历史文化领域形成一种多元一系的极为沉重的消极文化传统，成为我国社会发展前进中的拖后腿的意识。

二是说明了易哲学和这种消极文化传统从来处于相互对立和

相互斗争之中。

三是说明了易哲学具有极为远大的前景。

所以我们应该对我们的易哲学特别看重！

目录

卷一

对《八卦》哲理符号的译述

导　读

研究易哲学的首要问题是要看懂这些《八卦》符号和由这些《八卦》符号译述而成的哲理图表。为什么说要看懂呢？因为这些《八卦》符号看来只是“——”和“– –” 两个基本符号的重叠形式，这些哲理图表看来只是几个基本卦名的变换形式，干巴巴的什么也没有，好像无字天书，所以只能多看。通过多看，记住这些符号和图表的样子，也记住这些符号和图表的关系。这些符号和图表的样式是很微妙的，却也并不神秘，多看几遍就会熟悉；这些符号和图表的关系是很精深的，却也十分有趣，多看下去就会依次理解，也依次触类旁通。若能如此，说明你对易哲学悟性过人，你已进入易哲学的门户了。

图一

阴阳符号

乾	坤
阳	阴
刚	柔
雄	雌
龙	马

图二

八卦符号

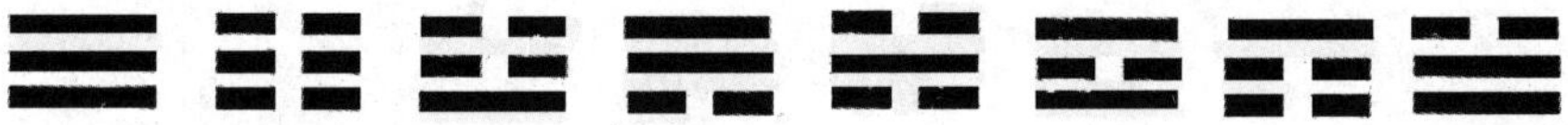

乾	坤	震	巽	坎	离	艮	兑
阳 端	阴 端	阳 次	阴 次	阳 负	阴 负	阳 极	阴 极

图三

译述 1：四对子

阳性一方

乾 --- 坤

震 --- 巽

坎 --- 离

艮 --- 兑

阴性一方

图四

译述2：两系列

阳性系列

乾 --- 震 --- 坎 --- 艮

坤 --- 巽 --- 离 --- 兑

阴性系列

图五

译述3：前后段

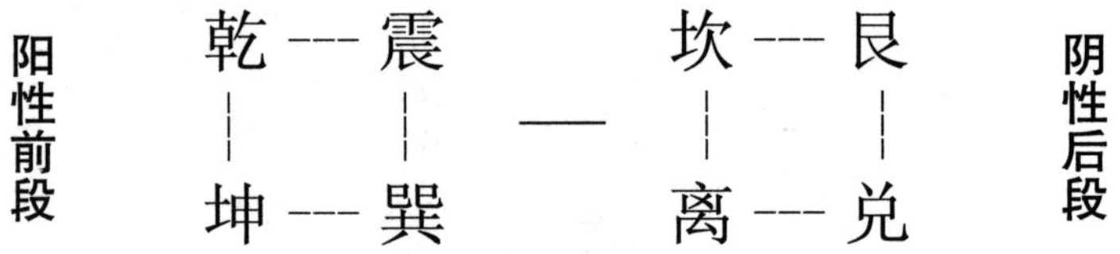

图六

译述4：阳端阴极

阳端　乾 --- 震 --- 坎 --- 艮

坤 --- 巽 --- 离 --- 兑　阴极

图七

六十四卦符号

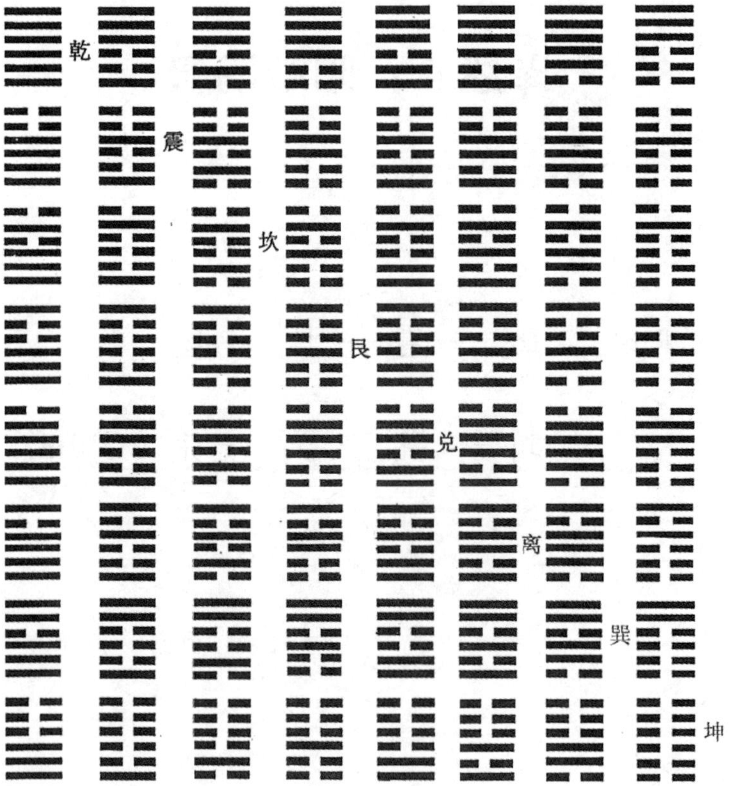

这是六十四卦符号的样式及其基本的排列方式，其哲学意蕴及其科学意蕴都是很深刻很精微的。你能看懂就好。如一时不能看懂，先放下不看也行。

图八

译述5：八次八卦

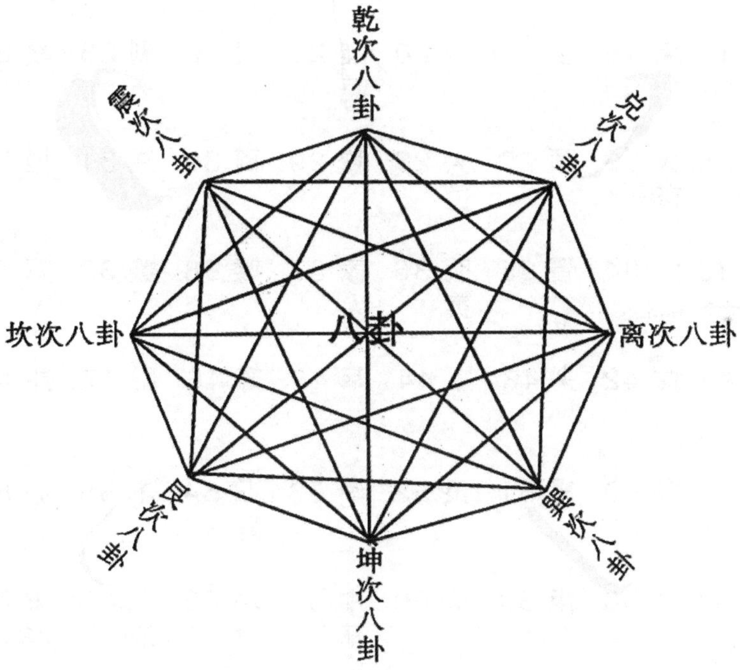

图九

传统六十四卦序

乾 1	坤 2	屯 3	蒙 4	需 5	讼 6	师 7	比 8
小畜 9	履 10	泰 11	否 12	同人 13	大有 14	谦 15	豫 16
随 17	蛊 18	临 19	观 20	噬嗑 21	贲 22	剥 23	复 24
无妄 25	大畜 26	颐 27	大过 28	坎 29	离 30	咸 31	恒 32
遁 33	大壮 34	晋 35	明夷 36	家人 37	睽 38	蹇 39	解 40
损 41	益 42	夬 43	姤 44	萃 45	升 46	困 47	井 48
革 49	鼎 50	震 51	艮 52	渐 53	归妹 54	丰 55	旅 56
巽 57	兑 58	涣 59	节 60	中孚 61	小过 62	既济 63	未济 64

这是《易经》六十四卦的排列顺序，也就是六十四项哲理相互联结的顺序，从上古时代传递下来，从来没有变动，有其无可置疑的合理性质。如你读过《易经》，一定易于理解。如未读过《易经》，你只浏览一下，将前面三卦、中间两卦和最后两卦记在心中就行了。

图十

译述6：阴阳化生

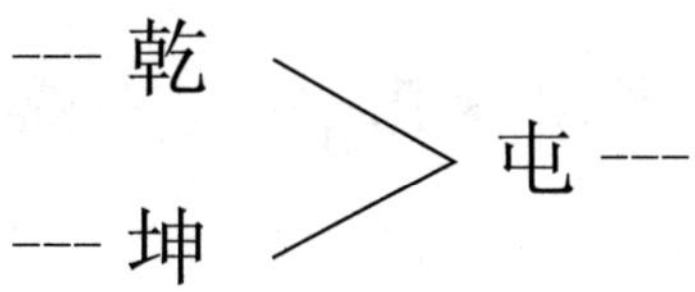

图十一

译述 7：新陈代谢

--- 未济 • 既济 • 未济 ---

图十二

译述8：二元进化

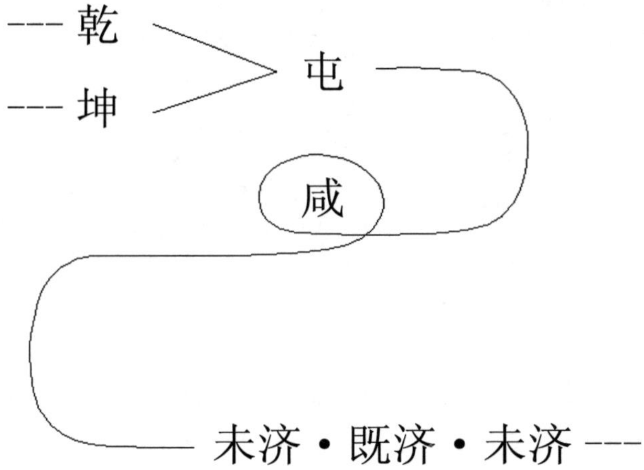

卷二

对《易经》哲理辞句的译述

导　读

你把《八卦》符号和哲理图表看懂了，现在来读“对《易经》哲理辞句的译述”，就会顺利前进，理解《易经》六十四卦的道理。六十四卦的辞句就是《易经》本身。每卦有卦辞一则、彖辞一则、爻辞六则、象辞一则，共九则。六十四卦共五百七十八则，是个全面地精致地阐释哲理思想的体系。大多属于寓言，哲理也就蕴含于寓言之中。每卦主要蕴含着一类哲理，又兼有别类哲理。有些哲理是根本性的，有些哲理是枝节性的。本章所摘录的二十六则辞句，都是六十四卦辞句中最能代表它的根本性的哲理的，只要读得熟了，就能有所领悟。只要有所领悟，易经哲学就在你的心中发芽了。

乾卦彖辞 1

大哉乾元！万物资始，乃统天。

大莫大于乾元，万物从他这儿开端。他主导着万物发展向前。

坤卦彖辞 2

至哉坤元！万物资生，乃顺承天。

厚莫厚于坤元，万物在她的身上繁衍。她是乾元的配偶和顺从的伙伴。

乾卦彖辞 3

天行健，君子以自强不息。

天道抑弱扶强，使强者繁荣兴旺。君子贞强不息，把功业视为至上（把自强改为贞强，论证见第 242 页）。

坤卦象辞 4

地势坤，君子以厚德载物。

地道厚德载物，厚德是博爱，载物是服务之行。君子埋头苦干，为着天下民生。

屯卦象辞 5

屯，刚柔始交而难生；动乎险中，大亨贞。

阴阳交合化生，新生命在难产中降生。虽然困难重重，终于大为亨通。

需卦卦辞 6

需，有孚，光亨，贞吉，利涉大川。

心怀着刚正，向往着光明，坚守着信用，远渡重洋可以成大功。

泰卦象辞7

天地交，泰，后以财成天地之道，辅相天地之宜，以左右民。

阴气升，阳气沉，阴阳交，万物新。圣王们真有智慧，悟得了阴阳易位，为人民服务不息，与人民一道前进。

否卦象辞8

天地不交，否。

阴阳不交合，万物无生机。

同人卦象辞9

天与火，同人，君子以类族辨物。

大火熊熊，火之上是辽阔的万里晴空，象征着华夏民族大包容：做事求同存异，待人和而不同，主张协商一致，争取联合行动。

大有卦卦辞 10

大有，元亨。

发财致富万事通。

观卦彖辞 11

大观在上，顺而巽，中正以观天下。

圣王观察世界，看到四时交替浑然有常，看到阴阳化生蔚然成章，悟知了中正和谐的哲理，是治理天下的正确规章。

大畜卦爻辞 12

良马逐，利艰贞，曰闲舆卫，利有攸往。

赛马场面激烈又慷慨，一对对驹儿匆匆被淘汰。很快选出了赤兔良种，精灵、剽悍、豪迈。在冲锋陷阵中大显神威，把强敌一一击败。

咸卦彖辞 13

咸，感也，柔上而刚下，二气感应以相与。止而悦，男下女，是以亨。利贞，取女吉也。天地感而万物化生，圣人感人心而天下和平。观其所感，而天地万物之情可见矣！

何为交感作用？双方发自内心的感应，无须用心而自然形成；像少男少女间的感情，像阴气和阳气相逢，无比强大的引力，和阳刚一方的主动，使双方趋向交融，都一样欢乐激动，都感到大获成功。天和地有着交感作用，天地交感而万物化生。王公和民众也有着交感作用，上下交感而天下和平。为什么天地万物都有着交感作用？天地万物都有着阴阳二性，二性在交感中得到欢乐，新生命在欢乐中化生。

恒卦彖辞 14

恒，久也。刚上而柔下，雷风相与，巽而动，刚柔皆应，恒。恒，亨，无咎，利贞，久于其道也。天地之道，恒久而不已也。利有攸往，终则有始也。日月得天而能久照，四时变化而能久成，圣人久于其道而天下化成。观其所恒，而天地万物之情可见矣！

何以恒久运转？在于把关系安排妥善：阴阳的照应，刚柔的交换，上下的顺应，动静的和谐。像天地化生万物一样年年如此，螺旋往复从不间断。像日月一样在天域来复，春夏秋冬从不紊乱。像圣人一样坚持古教传统，使民族精神日益雄健。天地万物人类，才这样秩序井然。

睽卦彖辞 15

睽，火动而上，泽动而下；二女同居，其志不同行。悦而丽乎明，柔进而上行，得中而应乎刚，是以小事吉。天地睽而其事同也，男女睽而其志通也，万物睽而其事类也：睽之时用大矣哉！

睽的卦形真生动，下面是兑象水，水汪汪地向下；上面是离象火，火轰轰地上升。兑象妹妹，离象姐姐，二女同居同类同性心不通。她们各自追求着同类中的异性，那刚强的老公。只有得到老公，她们才有光明，才焕发柔情种种，阳刚阴柔相应，显得吉庆融通。天和地同类异性所以能化生万物，男和女同类异性所以能接代传宗，万物都分阴阳和雌雄，所以能繁衍生生。同类异性，交合化生，生生无穷，这是宇宙间奇妙的性。

睽卦象辞 16

上火下泽，睽，君子以同而异。

水与火性状不同，何以同为功用？万物靠什么发育生成？一靠水分，二靠阳光，水火交融成大功。聪明人看到相反，也要看到相成，万事纷纭总裁定：相同又相斥，不同却互动，此中微妙处，阴阳两并行。

升卦爻辞 17

贞吉，升阶。

坚持正道，平稳前进，踏着台阶，逐步升级。

冥升，利于不息之贞。

登上高峰望高峰，精疲力竭志未穷。只要善于休整，可以继续攀登。只要继续攀登，可以登上峰顶。

革卦卦辞 18

革，巳日乃孚，元亨，利贞，悔亡。

革命是顺与逆的斗争，是落后向着先进的变通。时机来到，不先不后，革命大亨通。

鼎卦卦辞 19

鼎，元吉，亨。

革命以后须有革新运动，革新的方法要顺动而行。唯有顺动而行，才能大获成功。

巽卦卦辞 20

巽，小，亨，利有攸往，利见大人。

和顺给社会带来亨通，上下和顺干什么都易成功；上下和顺的社会制度，利于有作为的人们。

兑卦卦辞 21

兑，亨，利贞。

欢乐给社会带来亨通，欢乐是社会进步的精灵。欢乐的一端连着荒乱和昏庸，欢乐的同时应持正。

涣卦卦辞 22

涣，亨，王假有庙，利涉大川，利贞。

自由给社会带来亨通，自由的观念来自神灵，君王以神道感化百姓。一致的信仰是自由的保证，一致的事业给自由以规定。风雨同舟共济，远渡重洋成大功。

节卦卦辞 23

节，亨，苦节不可，贞。

节度给社会带来亨通，不可因节度感到沉重。节度为什么？为了均衡。

中孚卦卦辞 24

中孚，豚鱼吉，利涉大川，利贞。

真诚是人际关系的魂灵。因为人际间存在真诚，人们和衷共济，远渡重洋成大功。

既济卦卦辞 25

既济，亨小，利贞，初吉终乱。

用渡河比喻行事过程，到达彼岸算完成。完成带来亨通，利于持中守正。如不持中守正，终至败乱衰穷。

未济卦卦辞 26

未济，亨。

渡过一条河，又渡一条河，渡过未渡过。

卷三

对《易传》哲理系统的译述

导　读

易经哲学已在你的心中发芽了，可要成长起来，还须读懂《易传》，就是孔子《易传》。孔子以后易学家们很多的，也多写了称作“易传”的书，但都没有超越孔子《易传》的水平，所以我们研究易学仍以孔子《易传》为本。但孔子《易传》具有兼收并蓄的缺点，把真理和谬误、哲理和迷信杂糅起来，在历史上的影响是不好的。我在这里对《易传》的译述，仅仅译述了关于哲理的部分，而把关于算卦和伦理说教的部分排除在外。这样一来，你看到的《易传》的哲理系统就是一个很纯正的很干净的哲理系统了。

系辞 1

天尊地卑，乾坤定矣。卑高以陈，贵贱位矣。动静有常，刚柔断矣。方以类聚，物以群分，吉凶生矣。在天成象，在地成形，变化见矣。是故刚柔相摩，八卦相荡。鼓之以雷霆，润之以风雨。日月运行，一寒一暑。乾道成男，坤道成女。乾知大始，坤作成物。乾以易知，坤以简能；易则易知，简则易从；易知则有亲，易从则有功；有亲则可久，有功则可大；可久则贤人之德，可大则贤人之业。易简，而天下之理得矣；天下之理得，而成位乎其中矣。

我们把天拟作乾，把地拟作坤。这样一来，乾为上，坤为下；乾为外，坤为内，这位置就确定了。乾为动，坤为静；乾为刚，坤为柔，这性质都分明了。

我们又把乾称之为阳，把坤称之为阴，阴阳就成为易经哲学中最为根本的哲理概念。

我们能把生物分为许多类，它们都方以类聚。我们能把动物分为许多群，它们都物以群分。许多类、许多群体，全都生活在这一个天地之间，生命的繁衍无穷无尽，而生命赖以存活的物有限，这就自然地形成竞争。竞争结果，有的成功了，有的失败了；有的前进了，有的落后了；有的延续了，有的灭亡了。

我们把成功、前进和延续称之为吉，把失败、落后和灭亡称之为凶，吉凶就成为易经哲学中最为常见的判断形式。

我们观察天象，而天象都是能够看到的。我们考察物理，而物理都是形象确实的。我们研究社会，而社会上的事物都是条理分明的。自然界以至人类社会，一切都在发展着、进化着，形成永无休止的前进运动。

对于我们说来，这些道理都是能够认识的，因为我们具有可靠的推理能力。

我们推知世界万物无不被分为阴阳二性，每种事物无不被分为阴阳二方，它们各自独立，又互为依据，互为补充，我们把这叫做阴阳二性的共存互补关系。同时它们相互吸引，相互配合，以产生新的物、新的生命、新的个体，我们把这叫做阴阳二性的交合化生作用。这是世界万物发展进化中最为根本的规律精神。

在自然界中，无论植物动物，无不有雌有雄，雌雄间的道理我们是明白的。

人类有男有女，男女间的道理我们也是明白的。

用以上道理来研究社会问题，就会发现在我们的社会结构中，存在着从事生产的下层社会，也存在着从事治理的上层社会，两层社会之间也有着阴阳二性的关系性质。同时我们也会发现，在我们的政治生活中，存在着人道主义与功利主义两种政治形式，两种政治形式之间也有着阴阳二性的关系性质。说明易经哲学既是一门易于认识的学问，也是一种易于践行的道理。

因为易于认识，所以能引导人们团结合作，因为易于践行，所以能引导人们建功立业。

能引导人们团结合作就会长盛不衰，能引导人们建功立业就会发展进步。

长盛不衰依赖着人道主义。

发展进步依赖着功利主义。

易于认识的学问，易于践行的道理，就是理性实用主义的思想方法。掌握了理性实用主义的思想方法，也就掌握了认识世界的工具，天地、万物以至人类社会的规律精神也就易于认识了。

认识了这些规律精神，也就易于践行，并在践行过程中克服困难，达到成功。

系辞 2

易与天地准，故能弥纶天地之道。仰以观于天文，俯以察于地理，是故知幽明之故；原始反终，故知死生之说。与天地相似，故不违。知周乎万物而道济天下，故不过。旁行而不流，乐天知命，故不忧。安土敦乎仁，故能爱。范围天地之化而不过，曲成万物而不遗，通乎昼夜之道而知，故神无方而易无体。

易经哲学是从科学常识归纳出来的，所以哲学与科学在《易经》中统一为一个体系。

从很古以来，我们的历代圣人，就是通过对天上的种种天象的观测思考，对地下的种种物理的考察研究，逐步认识到这些道理。他们研究生命怎样产生、怎样发展、怎样繁衍进化的道理，明白了阴阳二性的共存互补与交合化生，产生的新陈代谢关系，才是世界万物能够进化不息的根本性质。这样一来，《易经》的阴阳进化学说即逐渐趋于成形，而且一代一代地流传下来。

易经哲学是从科学常识归纳出来的，所以《易经》的智慧包容着天地万物。

《易经》的阴阳进化哲理，从很古以来作为中国人的传统思想，对中国历史的发展起着积极的推动作用，它随着时代前进，不断变换着鲜活实用的形式，历史证明它是不会过时的真理。

掌握了《易经》真理的人们，思想的博大，精神的活跃，像浩荡的河水在茫茫的原野上奔流不息，但不会泛滥成灾；他们奋发有为，全力以赴地争取成功，但把成与败看作天意，充满乐观精神；他们随遇而安，和民众融为一体，以人道博爱主义为立身之本。

《易经》哲理是多么的深刻啊！

它能够解释天地万物的结构形式，不会有任何差错。

它能够分析天地万物的进化规律，不会有任何事物不在它范围之内。

它的推理方法能够把偶然性和必然性联结起来，把现实性和可能性联结起来，所以与时俱进，没有一成不变的模式。

系辞3

一阴一阳之谓道。继之者善也。成之者性也。仁者见之谓之仁，智者见之谓之智，百姓日用而不知，故君子之道鲜矣。显诸仁，藏诸用，鼓万物而不与圣人同忧。

世界存在着阴阳二性，所以才化生出万物来。

万物也都存在着阴阳二性。

所以二性的共存互补关系是生命存在的普遍形式，二性的交合化生作用是生命进化的普遍形式。

所以总有新一代应运而生，作为上一代的继承。

新一代总是更加完善和实用，以适应不断发展变化的生存环境。

阴阳二性的交合化生作用，是由双方本身所具有的欲望促成的，这就是性。

人类社会存在着男女间的强烈感情，存在着父母和子女间的强烈感情，以及由血缘关系形成的家族、亲族、氏族和民族间的强烈感情，以及由信仰或利害关系形成的团体间的强烈感情，我们把这叫做爱，爱发展为人道主义思想。

人类社会存在着种种利害关系，促使人们为了生存和发展不断地相互竞争，竞争的目的是成功，成功的实质是利益，所以发展为功利主义思想。

《易经》的政治伦理思想包含人道主义与功利主义两个方面，主张人道主义与功利主义并行不违。但从近代以来，人道主义与功利主义逐渐脱节，人们各执一说，各走极端，人道主义者读了《易经》，只承认《易经》的人道主义思想；功利主义者读了《易经》，只承认《易经》的功利主义思想；一般没有读过《易经》的普通人，虽然在其社会实践中每时每刻都会遇到人道主义与功利主义应该并行的事实，但他们不明不白，所以现在具有正确哲学观念的人实在很少了。

但是在自然界中，爱和竞争的现象总是普遍存在。爱体现在同类异性之间和同类群体之中，竞争体现在同类同性之间和异类群体之间。自然界作为一个系统，总是以同样的恩泽普施万物，让万物在同等条件下相互竞争，眼看着优胜劣败的分裂景象，而丝毫不动感情。

自然界怎能动感情呢？不过是人动感情。

人是有感情的动物，也是群体生活的灵物，所以形成社会。

社会要合作，也要竞争，所以是合作精神指导下的竞争，和自然界的残酷竞争不同。

系辞 4

刚柔相推而生变化。
生生之谓易。

自然界和人类社会的发展进化规律，无非表现为阴阳二性的共存互补、交合化生，以及由此形成的新陈代谢、进化不息的过程。阴阳二性的共存互补推动其交合化生，交合化生推动其新陈代谢，新陈代谢推动其进化不息。所以阴阳二性的共存互补关系，是推动一切事物发展进化的根本原因。

系辞 5

生生之谓易；成象之谓乾，效法之谓坤。
乾知大始，坤作成物。

阴阳二性的共存互补推动其交合化生，交合化生推动其新陈代谢，新陈代谢推动其进化不息，这就是阴阳进化的哲理。在这里面，阳性起着主导的作用，阴性起着主成的作用；阳性起着制约的作用，阴性起着治理的作用；阳性起着开创的作用，阴性起着实施的作用。

系辞 6

乾坤，其易之蕴邪？乾坤成列，而易立乎其中矣。乾坤毁，则无以见易；易不可见，则乾坤或几乎息矣。

阴阳，是易学的根本吗？天地分阴阳、万物分阴阳、人类分阴阳、人类社会事事物物无不分阴阳，阴阳成列，易学哲理也就在这其中确立了。假如这种阴阳成列不存在，那易学也就不会产生。假如易学哲理是不真实的，那除非阴阳不再存在。假如阴阳不再存在，天地万物人类都要消失了。

系辞 7

是故易有太极，是生（分）两仪，两仪生（分）四象，四象生（分）八卦……

所以易学的哲学观念就是建立在这阴阳成列的基础上，认为统一的宇宙万物被分为阴阳二性，把统一称作太极，把阴阳称作两仪；两仪又被分为四象；四象又被分为八卦……

系辞8

子曰：天地絪缊，万物化醇；男女构精，万物化生。

孔子说过：在天地间，阴阳二性的交合化生作用，像云雨变幻，气象絪缊；万物繁衍生息，像一锅发酵的酒粕。万物都具有阴阳二性，在生物称为雌雄，在人类称为男女。正是由于雌雄二性的交合化生，才繁衍出种种生物来；正是由于男女二性的交合化生，才繁衍出色色人众来。

系辞9

子曰：易其至矣乎！夫易，圣人所以崇德而广业也。智崇礼卑，崇效天，卑法地。天地设位，而易行乎其中矣。

孔子说过：易学真是至善至美呀！圣人创立易学，一是为了培育人们的高尚伦理，一是为了培训人们的认识能力，以排除困难，创建人生的大功大业。圣人依据易学原理制定了法律制度，作为人们伦理修养的基础，所以法律制度乃是在下的，像地面一样长期稳定。圣人依据易学原理创立了理性实用的方法，以启发人们的聪明智慧，所以聪明智慧乃是在上的，像天象一样顷刻万变，神秘莫测。自从有了天上地下，易学原理就在天地之间了。

系辞 10

子曰：夫易何为者也？夫易开物成务，冒天下之道，如斯而已者也。

孔子说过：易学为什么要跟物理连在一起呢？这是因为易学是在参照自然科学来研究哲学，来创立这门概括天地万物和人类社会的哲学体系，不过这样罢了。

系辞 11

古者包牺氏之王天下也，仰则观象于天，俯则观法于地，观鸟兽之文，与地之宜，近取诸身，远取诸物，于是始作八卦，以通神明之德，以类万物之情。作结绳而为网罟，以佃以渔。包牺氏没，神农氏作，斫木为耜，揉木为耒，耒耨之利，以教天下。日中为市，致天下之民，聚天下之货，交易而退，各得其所。神农氏没，黄帝、尧、舜氏作，通其变，使民不倦；神而化之，使民宜之。易穷则变，变则通，通则久。是以自天佑之，吉无不利。黄帝、尧、舜垂衣裳而天下治。刳木为舟，剡木为楫，舟楫之利以济不通，致远以利天下。服牛乘马，引重致远，以利天下。重门击柝，以待暴客。断木为杵，掘地为臼，杵臼之利，万民以济。弦木为弧，剡木为矢，弧矢之利，以威天下。上古结绳而治，后世圣人易之以书契，百官以治，万民以察。

阴阳进化的哲学道理，在我们古代人的观念活动中酝酿了很多年月，到距今七千年前，伏羲氏治理天下的时候，已经粗具轮廓。伏羲氏在此基础上做了系统的研究工作。他常常观测天上的风云变化，考察地上的物理情况。他深思着万物生生不息的奥秘，以及人类和万物的共存关系，开始绘制八卦，以总结这些看似神秘实则明白无误的思想，以反映天地万物人类的进化规律。发明了制罟捕兽和织网捕鱼的技术，把社会生产向前推进了一步。

到了神农氏治理天下的时候，依据阴阳进化的积极思想，抓住当时社会由渔猎向农耕转化的契机，发明了木耒和木耜，用以翻土播种，叫天下人得到农耕的巨大利益。很快物产丰富起来，他又适应形势，创设集市贸易，规定日中为市，叫人们把货物带入集市，以货易货，互通有无。当人们回家去的时候，每人都得到了所缺少的东西。

到了黄帝治理天下的时候人口越来越多了，氏族间的矛盾越来越深了，相互纷争不已，战乱不休，加上周边地带的野蛮人的侵扰，社会生产停滞，到了很穷困的地步。正是在这时候，传统的阴阳进化思想适应着这种情况，进一步提高起来。人们已经懂得：当社会停滞不前的时候就要革新，当革新成功的时候就会发展，当发展持续不断的时候就会繁荣，这就是“穷则变、变则通、通则久”的易学原则。正是在这样的先进思想指引下，他先后再接再厉，克服了重重困难，战胜了莽莽顽敌，统一了中原大地，发展了畜牧业和农耕业，创建了纺织业和医药业，使民众生活得到改善。

这时期发明创造之多，真是不胜枚举。譬如：发明了木船和划船用的工具，便利了水上往来；发明了马车和牛车，便利了陆上交通，使天下人互通有无，得到很大利益；发明了宫室城堡，创设了击柝报警制度，以防敌寇；发明了木杵石臼，以粉碎五谷杂粮，使天下人生活质量得到提高；改进了弓和箭，用以射猎和作战，使天下的野蛮人感到害怕。

结绳记事的方法从远古流传下来，经过历代圣人们不断改进，到黄帝时代形成文字和书写文字的方法。这为创设政府、百官和法律制度创立了必要条件，中国人从这时起进入文明社会。

系辞 12

盛德大业至矣哉！富有之谓大业，日新之谓盛德。

圣人治理国家，总是把经济建设和伦理教化看得同样重要。达到经济发展和伦理健旺的境界，叫做盛德大业。经济发展依赖伦理健旺，伦理健旺也依赖经济发展，要人在经济发展过程中不断地研究问题、解决问题、调整关系、加强合作。

系辞 13

子曰：天下何思何虑？天下同归而殊途，一致而百虑。天下何思何虑？日往则月来，月往则日来，日月相推而明生焉；寒往则暑来，暑往则寒来，寒暑相推而岁成焉。往者屈也，来者信也，屈信相感而利生焉。尺蠖之屈，以求信也。龙蛇之蛰，以存身也。精义入神，以致用也。

孔子说过：天下事何须人枉费心机！天下的道路千条万条，条条道路都可以通向都邑；天下人的想法千宗万宗，宗宗想法都为了生存发展的目的。天下事何须人枉费心机！太阳落山了，月亮升天了，太阳升天了，月亮落山了，太阳和月亮交替来往，自然形成白天和月夜的不同的光明景象；冷天过去了，热天到来了，热天过去了，冷天到来了，热天和冷天交替来往，自然形成四季和年度的更新。过去了的事情，回想起来是一次又一次的弯曲。展望未来，却感到世界在一屈一伸地向前伸展。弯曲、伸展、弯曲、伸展，自然界和人类社会都在不断的弯曲伸展运动中向前发展。那毛毛虫名叫尺蠖的弯曲身躯，正是为了伸展向前。那蟒蛇养精蓄锐不动，正是为了时机到来时更显威力。那学士们聚精会神以求学问，正是为了以后更加有效地建功立业。

系辞 14

是故形而上者谓之道，形而下者谓之器，化而裁之谓之变，推而行之谓之通，举而错之天下之民谓之事业。

所以易学承认事物存在的客观性，把事物存在称作实际，把隐含于事物存在以内的道理称作规律，就是客观事物的发展规律。把握这些发展规律，要用实事求是的方法、随机应变的方法，也就是在不断变化过程中认识客观事物的变通方法。把握了这些发展规律，用来推动客观事物朝着我们希望的方向发展，并且发动民众来干，就是我们从事的社会事业。

系辞 15

变通者，趋时者也。

人对客观事物的认识，无非表现为追捕其时。所谓其时，即在一定的范围以内、一定的时间以内，一件事、一项事业、一项工程或一次战争，其内在的因素和外在的条件加在一起形成的势，将在多大程度上推动该事物朝着何种方向发展，并且产生可能成功、可能失败、可能顺利、可能不顺利的情形。只有追捕到时，人才能够发挥主体能动作用，争取该事物朝着对人有利的方向转化，达到人自身的目的。

系辞 16

不可为典要，唯变所适。

为了追捕到时，圣人创立了理性实用主义的推理方法，主张实事求是，反对以成见代替事实，反对以教条代替推理，反对预先拟好结论，让推理弄假成真。一个结论，只要是用实事求是的原则推论出来的，推论方法准确无误的，就应该予以承认，不管你原来的想法是什么、目的是什么，应该只承认这个结论，这结论也就是时。人在追捕到时的时候，应该随机应变，也就是紧紧地把握住时。时是瞬息万变的瞬间，不紧紧地把握它怎么行呢？所以时在变，我们的认识也在变；时在变化中向前发展，我们的认识也在变化中向前发展，我们的认识才能保持住实事求是，以立于不败之地。

系辞 17

子曰：知几其神乎？几者，动之微，吉之先见者也。君子见几而作，不俟终日。

孔子说过：懂得怎样追捕时的人，是最聪明的人吗？时是流动的、微妙的，看来往往是微细的一些征兆，却预示着巨大的成功机会。有作为的人们追捕到时，会立即行动起来，决不等待明天。

系辞 18

穷则变，变则通，通则久。

当社会停滞不前的时候就要革新；当革新成功的时候就会发展；当发展持续不断的时候就会繁荣；当繁荣持续不断的时候，就会有新的导致停滞不前的因素产生出来。所以易学的变通思想以革新为核心，只有不断的、适时的、适当的革新运动，才能保障繁荣持续不断地发展下去。

系辞 19

夫乾，天下之至健也，德行恒易以知险。夫坤，天下之至顺也，德行恒简以知阻。能说诸心，能研诸虑，定天下之吉凶，成天下之勉勉者。

乾道，表现为天下人的积极进取精神，但在正常情况下，主张理性通融，因为理性通融，才能冒险前进。坤道，表现为天下人的埋头苦干精神，但在正常情况下，需要实用精明，因为实用精明，才能排除万难。既能积极进取，又能埋头苦干，既能冒险前进，又能排除万难，所以心情乐观，思虑周全。领悟了乾坤二道的哲理，就会引导天下人避免失误，争取成功。

系辞 20

因贰以济民行，以明失得之报。

总之是用二元进化的辩证方法，指导人们认识社会发展进步的道理，叫人们因此变得聪明起来，在前进的道路上避免失误，获取最佳的成功业绩。

系辞 21

易之为书也，广大悉备：有天道焉，有人道焉，有地道焉。……三才之道也。

这部经典所包容的哲理是很宽泛的，有宇宙的构成及其发展进化的规律、有自然的生成及其发展进化的规律、有人类社会的形成及其发展进化的规律。我们把这概括起来，称作天道、地道和人道，就是三才人极思想。

序卦 1

有天地然后万物生焉。盈天地之间者唯万物，故受之以屯。屯者，盈也。屯者万物之始生也。

乾阳，代表天。坤阴，代表地。天地也是一对阴阳，所以才化生出万物来。万物生生不息，布满在天地之间，所以紧接着乾坤二卦之后，安排了屯卦。屯是新生命的象征。乾、坤、屯三卦联在一起，是乾父坤母阴阳化生的象征。

序卦2

有天地然后有万物，有万物然后有男女，有男女然后有夫妇，有夫妇然后有父子，有父子然后有君臣，有君臣然后有上下，有上下然后礼义有所错。夫妇之道不可不久也，故受之以［咸］恒。

有天地然后才化生出万物来，有万物然后才演化出人类来。万物有雌有雄，人类有男有女。有男女才有夫妻，有夫妻才有父子，才有家族、氏族、部族和国家，才有君主和民众，才有上层社会和下层社会。为了巩固上下二层式的社会秩序，才由国家制定了礼仪和法律制度。所以夫妻关系的产生是人类走向文明的起步，圣人把象征男女爱情的咸卦放置在六十四卦中间，是有很深刻的用意的。夫妻、男女、雄雌、刚柔，都是阴阳二性的表现形式，说明阴阳二性的共存互补和交合化生关系，是天地万物人类能够稳定存在并且持续发展的基础，所以在咸卦之后安排了恒卦，恒，正是稳定存在和持续发展的意思。

序卦3

有过物者必济，故受之以既济。物不可穷也，故受之以未济终焉。

我们把完成比作渡过了河，把未完成比作渡河，渡河正是为了渡过河，渡过河还要再渡河。所以在六十四卦结尾安排了既济卦，作为事物运动的一次完成。但是事物永远都是不会停止不前的，所以又安排了未济卦，作为事物运动的一次未完成。事物正是这样地向前发展，遵循着完成、未完成、再完成、再未完成、再完成以至无穷的规律精神。

卷四

易哲学研究提纲

四卷

[illegible]

导　读

现在来讲易哲学，也分为本体论、辩证法、认识论三步来讲。其本体论叫做二元八周结构法，是讲阴阳二性在自然界中、人类社会中和人类精神结构中的普遍存在的实质。其辩证法叫做二元八律辩证法，是讲阴阳二性的或阴或阳的个体之间的共存、互补、交合、化生的关系以及由此自然形成的不断发展进化的过程。其认识论叫做二元八法格致法，是讲人作为认识主体怎样运用简明易懂和实事求是的方法认识这种不断发展进化过程的。这样说来，易哲学的核心哲理是讲这种不断发展进化过程的，所以叫做二元进化主义哲学；易哲学的尖端哲理只是为了求索这种不断发展进化过程的，所以叫做理性实用主义。

一、二元八周结构法

易学基本结构法

突然提出二元八周结构法，叫人不可思议：

二元是什么？

八周是什么？

请你再把对易学阴阳符号系统（即《八卦》哲理符号系统）的译述认真地思考一下。

这是为什么呢？

因为二元八周结构法从阴阳八卦符号系统中演绎而来，而这阴阳作卦符号系统实在说来是一本无字天书，只不过是一阴一阳的两个符号；只不过是由阴、阳两个符号交变形成的八卦符号和六十四卦符号；只不过这些符号罢了，干巴巴的什么也没有，不认真地思考，便不能认识。

阴阳符号系统是从什么地方来的呢？

《易传》中说："古者包牺氏之王天下也，仰则观象于天，俯则观法于地，观鸟兽之文，与地之宜，近取诸身，远取诸物，于是始作八卦，以通神明之德，以类万物之情。"已经译为："这些道理在我们古代祖宗的观念活动中酝酿了许多年月，到伏羲氏治理天下的时候，已经初具轮廓。伏羲氏在此基础上做了系统的研究工作。他常常观测天上的星云变化，同时考察地上的物理情况。他深思着万物生生不息的奥秘，以及人与万物的共存关系，开始绘制八卦，以总结这些看似神秘实则明白无误的思想，以反映天地万物人类的规律精神。"

这样说来，在写作《易传》的圣人看来，阴阳八卦符号系统是从自然科学中归纳出来。但怎样从自然科学中归纳出来，《易经》中没有说明，《易传》中也没有说明，这也要我们认真思考。

但只要认真思考，把易学阴阳八卦符号系统与自然界的物质结构法对照起来、与自然界的生命结构法对照起来、与人类社会的种种结构法对照起来，再认真思考，达到融会贯通的程度，一个二元八周结构法的图像就会在你的眼前出现。

世界是什么？

可以回答说就是这个二八结构。

一切物、一切事、一切现象，无不存在于这个二八结构之内。

二元

二元是什么？

在易学阴阳符号系统中表现为阳和阴两类符号，阳符号“—”我们称之为乾，阴符号“--” 我们称之为坤；在《易经》卦爻辞句系统中表现为乾坤二卦，我们把乾卦的道理称作乾道，把坤卦的道理称作坤道；在《易传》哲理系统中表现为乾坤二元，乾元是对一切阳性事物的称呼，坤元是对一切阴性事物的称呼。

我们所谓二元，主要的依据就是这些。

这样对照起来，所谓二元，在自然界中，在原子结构中是电子与原子核的阴阳性质；在化学结构中是阳离子与阴离子的阴阳性质；在生命结构中是阳基因与阴基因的阴阳性质；在生物结构中是雄性与雌性的阴阳性质；在人体结构中是提供信息或资源与发展运动的阴阳性质。

这样对照起来，所谓二元，在人类社会中，在家庭结构中是夫妻双方的阴阳性质；在社会结构中是上下二层的阴阳性质；在政治结构中是人道主义与功利主义的阴阳性质；在经济结构中是经营管理与生产劳动的阴阳性质；在文明结构中是精神文明与物质文明的阴阳性质。

总的说来，是一阴一阳，是万物万事分为阴阳二性的情况。

从自然界以至人类社会无不是这种情况。

从生命以至意识形态无不是这种情况。

从政治伦理以至学术文化也无不是这种情况。

《易传》中说，“一阴一阳之谓道”，道是什么？也就是这种情况。

万物万事，无不表现为一个个的个体、一个个的系统。这一个个的个体、一个个的系统，无不分阴分阳，不属阳性，便属阴性；不属阴性，便属阳性。一个个的或阴或阳的个体共存于一个系统内中；一个个的或阴或阳的系统共存于一个大的系统内中；一个个的或阴或阳的大系统共存于一个更大的系统内中。

一个个的或阴或阳的个体之间，一个个的或阴或阳的系统之间，阴阳之间，关系怎样呢？

一是共存的关系，无论阴阳个体、阴阳系统，都独立地存在着，又互为存在依据。

二是互补的关系，无论阴阳个体、阴阳系统，都存在于连续不断的阴阳互补之中。

记住这些道理，你便打开了易经哲学之门。

八周

事物分阴分阳、有阴有阳、或阴或阳，这是二元的一篇道理，接下来讲到八周。

八周是什么？

在《易经》中，是乾坤二道一分再分的结果，二分为四，四分为八，就是乾、坤、震、巽、坎、离、艮、兑；也是阴阳二性一分再分的结果，二分为四，四分为八，就是阳端、阴端、阳次、阴次、阳负、阴负、阳极、阴极。从乾坤到乾、坤、震、巽、坎、离、艮、兑，从阴阳到阳端、阴端、阳次、阴次、阳负、阴负、阳极、阴极，从二到八就分到头了，就是事物的八周性质。

二分为八，难道不能再分下去吗？难道不能二分为八，八分为十六，十六分为三十二……这样不断地分下去吗？不能，万物万事，都不能无限地划分下去，而是到八为止。

《易经》上是这样一种分法。

自然界也是这样一种分法。

人类社会也是这样一种分法。

在自然界中，在从原子到分子的化学运动中，看看那些化学元素，不是二分为八，到八为止吗？在从分子到细胞的生命运动中，看看那些遗传基因，不是二分为八，到八为止吗？在从细胞到人体的生命运动中，看看人体的生命系统，不是二分为八，到八为止吗？在人类社会的发展运动中，看看社会的层次结构，不是二分为八，到八为止吗？在人类精神的发展运动中，看看精神的比连结构，不是二分为八，到八为止吗？

一切都是二分为八，一切都是到八为止，这实在奇妙极了，这实在易简极了。

六十四性（与六十四卦同义）

事物二分为八，到八为止，这是八周的一篇道理，接下来讲到六十四性。

为什么叫六十四性呢？

因为事物二分为八，到八为止，这止的意义就是形成周期，有第一周期、第二周期、第三周期、第四周期、第五周期、第六周期、第七周期、第八周期。每一个周期都有八个性、八类元素、八类基因、八类系统、八类层次、八类精神，等等。八个周期也就是八八周期，八八六十四性、六十四元素、六十四基因、六十四系统、六十四层次、六十四精神，等等。

为什么偏偏是六十四呢？

因为是八卦八周。

为什么是八卦八周呢？

因为所谓八周，实质上是八卦中的每一卦作为本卦又与其余七卦勾连着，各自形成八卦，也即叫做次八卦。

所谓六十四性也即次八卦的罗列。

然而事物的结构形式并不停留在六十四上，在实际上是把六十四作为元素、作为基因、作为单元、作为待配合的单子。因为事物的六十四性中，也同《易经》的六十四卦一样，必定有一半是阳性的，有一半是阴性的。这阳性的一半与阴性的一半之间，也即阳性一方的各个单子与阴性一方的各个单子之间，也同所有阴阳二性之间一样，也存在着配合作用、化合作用、联结作用。这样一来便形成事物千差万别而又分门别类的复杂情况。

化学运动过程中的化合与分解正是这样。

生物雌雄交配过程中的遗传与变异也是这样。

这些都是中学生的常识了，无须进一步做解释了，我这里不过是写个提纲罢了。

不确定的道理（如化学运动的部分道理）待你们再做研究。

更深刻的意义请你们认真分析。

二元八族化学系统结构法
二元八因遗传系统结构法
二元八行人体系统结构法

二元八族化学系统结构法、二元八因遗传系统结构法、二元八行人体系统结构法，这是自然界中最为根本的二元八周结构法。也可以认为，是二元八周结构法在自然界中的基本的表现形式。从二元八族化学系统结构法到二元八因遗传系统结构法、到二元八行人体系统结构法，自然界的发展进化走了三步，走到了完成阶段。

二元八族化学系统结构法的道理、二元八因遗传系统结构法的道理，请你们再从课本上复习一下，我不想添加什么，也就没话要说了。

二元八行人体系统结构法的道理要说一下，因为这道理贴近我们，也就易于理解。

所谓二元八行，也即阴阳八行，是相对于阴阳五行而言，我们说阴阳八行，就把阴阳五行否定了。中国传统的人体观念，特别是中医传统的人体观念都以阴阳五行为基础，一错再错下来，现在到了该修正的时候了。

现代科学的人体观念当然是很科学的，但从易经哲学的角度看来，还要提到哲学的高度来加以认识。

所谓人体结构法，也即动物体结构法。人体和动物体、鲸体和虾体、象体和鼠体、蝶体和蚊虫体，结构法是相同的，都有着八个系统，不会是七个系统，也不会是九个、十个系统。

八个系统是什么？

就是神经系统、运动系统、呼吸系统、循环系统、消化系统、扬弃（泌尿） 系统、遗传系统、生殖系统。这恰恰对应着乾、坤、震、巽、坎、离、艮、兑的道理，没有一点违逆的地方。这和现行的人体观念略有不同，我在这里增加了遗传系统。

八个系统之间关系怎样呢？

一是交织成网。

每个系统都自成体制，和其余系统也都各有体制。如神经系统吧，自有中枢神经，又有从中枢神经伸向运动、呼吸、循环、消化、扬弃、遗传、生殖诸系统的神经，有这八体制，才构成神经系统。神经系统是这样子，其余系统也都是这样子，这就形成为八八六十四体制，这恰恰对应着六十四卦的道理，没有一点违逆的地方。

二是两两相对。

神经与运动、呼吸与循环、消化与扬弃、遗传与生殖，形成阴阳互补的四个对子。这恰恰对应着乾与坤、震与巽、坎与离、艮与兑的阴阳互补的道理，也没有一点违逆的地方。

三是阴阳成列。

在人体八系统八关系中，也和八卦的八系统八关系中一样，有一半是阳性的，就是由神经、呼吸、消化、遗传四系统构成的阳性系列，在人体结构中起着提供信息或资源的作用；有一半是阴性的，就是由运动、循环、扬弃、生殖四系统构成的阴性系列，在人体结构中起着发展运动的作用。这恰恰对应着八卦结构中由乾、震、坎、艮构成的阳性系列和由坤、巽、离、兑构成的阴性系列的道理，也没有一点违逆的地方。

四是有前有后。

对一般动物说来，其身体分为前部和后部两大部分。对我们人说来，因为是直立动物的缘故，却分为上部和下部两大部分。上部包括神经、运动、呼吸、循环，四系统紧密连接，对下部的四个系统起着阳性主导的作用。下部包括消化、扬弃、遗传、生殖，四系统紧密连接，对上部的四个系统起着阴性主成的作用。这恰恰对应着八卦结构中由乾、坤、震、巽构成的阳性前段和由坎、离、艮、兑构成的阴性后段之间的前后段的道理，也没有一点违逆的地方。

五是有启有结。

神经、运动、呼吸、循环、消化、扬弃、遗传、生殖，八系统排列起来，构成一个八周或八卦的序列，就以神经系统为启，以生殖系统为结。以神经系统为启就是作为阳端，对其余系统起着阳性主导的作用。以生殖系统为结就是作为阴极，对其余系统起着阴性主成的作用。这恰恰对应着阳端以至阴极的道理，也没有一点违逆的地方。

易学的道理和自然界的道理为什么这样契合？

这原因不是别的什么，这正如孔子说的那样，易学是在参照自然科学来研究哲学，来创建这门概括天地万物人类的哲学体系，不过这样罢了。

二元八阶社会系统结构法

二元八阶，这名称够新奇了。

其实这是易学思想中显然有的，如在《易经》卦爻辞句中一再说到的上下二层相依为命的社会思想，把社会二元的道理都说得明明白白的了；如在《易传》中一再说到的阴阳并行的政治思想，把社会八阶的道理也说得朦朦胧胧的了，只要善于思考，就能明确起来。

二元八阶社会结构法，一是讲社会的两个阶层与四个阶层，即由文化阶层与政治阶层构成的上层建筑，由次文化阶层与次政治阶层构成的次上层建筑；二是讲社会的两个阶级与四个阶级，即由经营阶级与生产阶级构成的现实二元阶级，由新经营阶级与新生产阶级构成的新二元阶级。

经营阶级与生产阶级之间属于阴阳互补的关系性质。

现实二元阶级与新二元阶级之间属于新陈代谢的关系性质。

文化阶层、政治阶层、次文化阶层、次政治阶层、经营阶级、生产阶级、新经营阶级、新生产阶级，这样排列起来，恰恰对应着乾、坤、震、巽、坎、离、艮、兑，也恰恰对应着阳端以至阴极的道理。

乾卦就是阳端，代表一事物一过程的动力系统，文化阶层作为阳端正是社会的动力系统。

兑卦就是阴极，代表一事物一过程的方向目的，新生产阶级作为阴极正是社会的方向目的。

这些道理在讲政治思想时还要讲到，这里不多说了。

二元八德精神系统结构法

二元八德，这名称虽然新奇，这些道理却是《易经》卦爻辞句系统中显然有的。《易经》的卦爻辞句系统说的什么呢？表面看来，就是二元八德精神结构法，也就是二元德、二元八德、二元六十四德。

二元德是什么呢？

正是以社会竞争为本的乾道精神、飞龙精神、阳刚精神、主导精神、制约精神、开创精神，总之可以称之为竞争精神；也正是以社会合作为本的坤道精神、行马精神、阴柔精神、主成精神、治理精神、实施精神，总之可以称之为博爱精神。

二元八德是什么呢？

正是乾卦的积极进取精神与坤卦的埋头苦干精神、震卦的大无畏精神与巽卦的顺应精神、坎卦的冒险精神与离卦的尽善尽美精神、艮卦的求成精神与兑卦的求乐精神。

二元六十四德是什么呢？

正是六十四卦分阴分阳分别象征的各具特色也能相互融会的伦理体系……

这些道理在讲伦理思想时还要讲到，这里也不多说了。

太极

我们一再说到系统，系统是什么呢？

所谓系统，易经哲学中称作太极。

《易传》中有这样一段话说，“是故易有太极，是生（分）两仪，两仪生（分）四象，四象生（分） 八卦……”已经译为：“所以易经哲学就是建立在这阴阳成列的基础上，认为统一的宇宙万物被分为阴阳二性，把统一称作太极，把阴阳称作两仪；两仪又被分为四象；四象又被分为八卦……”

这样说来，系统就是太极，太极就是一个二元八周结构法的体系。

二元八周结构法是世界的基本结构法，此外还有非基本的结构法，如二二周期结构法、四四周期结构法、由二二周期简化形成的三位一体结构法、由四四周期简化形成的十位一体结构法，以及系统内的附属系统结构法、部件系统结构法，等等。

我们一再说到个体，个体是什么呢？

所谓个体，如事物个体、生物个体、人个体、细胞个体、原子个体，等等，其实也是系统，也是太极。因为任何个体无不具有内部结构，也无不具有二八结构的形式。

这样说来，世界是一太极；万物各是太极；太极中又有太极；太极有阴有阳，太极中又包含着阴阳。

这就是太极的本来意义。

而秦汉以来的易学家们多把太极和道学的道观念混同起来，汉代有所谓“太易、太初、太始、太素” 的说法，宋代有所谓“无极而太极”的说法，都是荒诞不经的说法。

道学作为传统的反易学的思想同易学一道从古代流传下来，在先秦时代逐渐侵蚀到易学的肌肤以内，所以从秦汉以来易学体系就越来越混杂了。

所以我们研究易学，就须把易学和道学区分开来，把道学成分从易学体系中剔除出去。否则我们就会陷入道学的一元论、无为论、循环论和迷幻思维以及退化思维的泥沼，名为研究易学实则离开易学越来越远了。

二、二元八律辩证法

易学全面辩证法

要得理解易学全面辩证法，请再看看“传统六十四卦序”，只要把这卦序看懂了，你就打开了易学全面辩证法之门。

这个卦序是从什么地方来的呢？

所谓《易经》，在古老的伏羲神农时代只是二八符号系统；后来的知识阶层经过多代努力，集体建构了《易经》的卦爻辞句系统，同时继承了二八符号系统的排列顺序，就是流传至今的这个卦序。易学全面辩证法的道理就在这个卦序中潜伏下来。

到了春秋时代才由孔子开头，掀起了一个规模不大不小的研究易学的运动，形成了《易传》一书。《易传》用论文的形式阐明易学全面辩证法，也就是解释卦序。但《易传》的论文过于简陋，而且支离破碎，不成体统。即使这样，《易传》成书已经两千五百多年了，研易者代代相传，研易著作汗牛充栋，至今还是没有一部著作能超越《易传》的水平。我们现在研究易学全面辩证法，还是不得不溯源而上，从《易传》出发；还是要通过传统卦序，正是在这传统卦序里面才有古代圣人为我们精心安排的哲理信息。

在传统卦序里面，领头的卦是什么？是乾、坤二卦，乾卦是阳性事物的象征，坤卦是阴性事物的象征，阴、阳事物在一起便具有交合化生作用，就叫做二元化生；果然在乾、坤二卦之后便有屯卦，屯卦是新生命的象征；乾、坤、屯三卦连在一起是二元化生和生生不息的象征，总之可叫做二元化生规律。

这个二元化生规律，从古及今易学家们谁不熟悉呢？实在熟悉得很，但未能理解到它的深义。要理解它的深义，还须看懂传统卦序后面的既济、未济二卦。既济卦是完成的象征，未济卦是未完成的象征，既济卦加未济卦是完成又未完成的象征。完成，未完成，完成又未完成，这是什么意思呢？用现代哲学语言来讲，就是新陈代谢规律。

这个新陈代谢规律，现在的哲学家们谁不熟悉呢？实在熟悉得很，但也未能理解到它的深义。要理解它的深义，还须把新陈代谢的道理和二元化生的道理联结起来，否则我们对于新陈代谢的认识就会陷在模糊不清或模棱两可的状态之中。

这个新陈代谢规律，其内含是什么呢？是新的和旧的（陈）作为对立面共存于统一体中，共存着、排斥着、斗争着，新的总是要代替旧的，新的也总是要向旧的方向转化，让更新的再来代替，形成生生不息的代替情况。是一再形成为新旧二极，可叫做二极代谢。

前有二元化生，后有二极代谢，二者之间靠什么联结起来？

看看那个好像统帅一样坐镇在传统卦序中央的咸卦你就明白了。咸卦是雌、雄交合的象征，是阴、阳互动的象征，是促成二元化生的性的象征，是从二元化生到二极代谢过程中生的象征。

这样就把二元化生与二极代谢联结起来。

二极代谢以二元化生为依据，没有二元化生，二极的代谢便不会发生。

二元化生以二极代谢为依归，没有二极代谢，二元的化生便不会持续。

二元化生的辩证体系

把二元化生规律简称之为二元律，把二极代谢规律简称之为二极律，把二元律与二极律联结起来，构成全面辩证法的两个端律。这在八卦结构上与乾、坤二卦对应起来，在八卦性质上与阳端、阴端对应起来；乾、坤二卦的后面接着有震、巽二卦，阳端、阴端的后面接着有阳次、阴次二性，二端律的后面接着也应有两个次律。

分析起来，就是二反律与二替律。

这样一来，二元律、二极律、二反律、二替律，这四律排列起来，便构成二元化生的辩证体系。

二元律

重复叙述一下，所谓二元，就是我们认识到这个世界，这个世界上的一切，从自然界以至人类社会，万物万事，无不被分为一个个的或大或小的个体，无不被分为一个个的或大或小的系统。或为个体，或为系统，又都无不被分为阴阳二性。这就形成许多同类异性的体制，我们可以简称之为二元体。

所谓同类异性，是说所有同类体系中既有许多的阳性个体（系统），也有许多的阴性个体（系统）；这许多阴阳个体（系统）之间既有共存互补的关系，也有交合化生的关系；这共存互补的关系既有独立自主的性质，也有相互利用的性质；这交合化生的关系既有相互吸引的性质，也有相互配合的性质。总的说来，它们之间的关系是合作融洽，就是相互利用、相互吸引、相互配合，并且通过相互配合产生新的或阴或阳的个体（系统）出来，这一辩证过程也就发展前进了。

它们之间也有排斥斗争的时候，但这种排斥斗争的目的仍是合作融洽；一味地排斥斗争下去，就会两败俱伤，成为错误的共存方式，这一辩证过程也就滞塞拖延了。

所谓同类异性，拿人来做例子，人，就是同类，有男有女，就是异性。

如是两个男人在一起，或是两个女人在一起，就是同类同性。

如是男人和母猴子在一起，或是女人和公猴子在一起，就是异类异性。

同类同性，异类异性，都不能构成二元体，都没有交合化生的关系性质，唯独同类异性才能构成二元体，才具有交合化生的关系性质。这一点我们要牢牢地记在心中，否则我们对于交合化生的道理就不会明确起来。

所以能够交合同时需要交合才是能够共存的依据。

所以到了不能交合或者不再需要交合的时候，共存关系也就到头了。

拿蜜蜂来做例子，当春暖花开、晴空万里、雄蜂们成群结队追逐蜂后（母蜂）飞上蓝天的时候是何等英雄！这时蜂后（母蜂）对于雄蜂们是何等钟情！而一旦完成了交合过程，这些英雄便被一个个驱逐致死，我们即使义愤填膺又有什么办法呢？

二极律

二元律的性质是同类异性、共存互补、交合化生，也就是二元化生。

二极律的性质是同类异代、共存互斥、新陈代谢，也就是二极代谢。

二极，是说新旧两类二元体形成的对立关系；二极代谢，是说旧的二元体化生出新的二元体来形成的否定关系；所以从二元化生到二极代谢的辩证过程，在实质上就是新旧二元体从对立到否定的过程。无论旧的二元体中、新的二元体中，都含有阴阳双方。所谓二元体，乃是一种既成事实的阴阳二体的配合体制，是在事实上已经发生或者将要发生交合关系的阴阳双方；即使同类异性，如果事实上并未发生交合关系，也不准备发生交合关系，那就不能算作二元体，这一点我们要弄明白。

旧的二元体化生出新的二元体来，即形成新旧二代，新旧二代属于亲子关系，所以能够共存于一个体制之中，像家庭中既有老两口也有小两口一样。

然而新的二元体一旦产生，便会由小到大，由弱到强，不断地发展向上；与此同时，旧的二元体便会由强转弱，由盛转衰，一步步走向衰亡；旧的二元体终要衰亡，新的二元体终要取而代之，这是不可遏止的规律精神。

然而新的二元体取而代之以后，毕竟还要化生出更新的二元体来取代它们的地位，而它们也将作为旧的二元体走向衰亡，这也是不可遏止的规律精神。

所以二极代谢关系基本上是对立关系，这种对立即存在于新陈代谢的过程之中。

所以新陈代谢也叫做否定运动。

所以否定运动乃是新的二元体对于旧的二元体的否定，而不是二元体中一方对另一方的否定。这是一个极为重要的辩证是非问题，明白了这一辩证是非问题，对于别的辩证法的是非问题也就易于理解了。

因为二极关系基本上是对立关系，排斥斗争便是它们之间的正常的共存形式；它们之间也有合作融洽的时候，也有长期合作融洽的时候，但它们之间的合作融洽恰恰是在客观上促进着排斥斗争。

所以二极代谢既存在着排斥斗争的代谢形式，也存在着合作融洽的代谢形式。

它们是亲子关系，为什么不能合作融洽呢？

正因为是亲子关系，怎能一直合作融洽到底呢？

这还如老两口和小两口的关系一样。我国有句话说，“养儿防老”，就是它们双方处在合作融洽的时候；还有一句话说，“养老送终”，就是它们双方处在排斥斗争的时候，接着也就到了再也没有合作融洽的可能性的时候了。

二反律

二反律类似二元律，而不是二元律，在八律性质上是二元律的次律。

二元律的性质是同类异性、共存互补、交合化生。

二反律的性质是同类异形、共存互补、相反相成。

二反律与二元律比较起来，相同的地方是共存互补。所谓共存互补，是说不共存就不能存在，不互补就不能发展前进；而唯有共存互补才能存在，才能发展前进，如鸟儿的两只翅膀一样、如兽儿的两排腿子一样、如人的两臂两手一样。如鸟儿只用一只翅膀，怎能飞向前去？如兽儿只用一排腿子，怎能挪动一步？如人只用一臂一手，怎能劳动生息？两只翅膀、两排腿子、两臂两手，分开来于事无成，合起来大显神通，就是共存互补以至相反相成的实质精神。再如社会生活中的社会竞争与社会合作、精神生活中的竞争精神与博爱精神、政治生活中的人道主义与功利主义、个体竞争中的竞争原则与合作原则、系统扬弃中的优选原则与淘汰原则，等等，如果抓住一方面，放弃了另一方面，就很难发展前进；唯有把两方面都抓起来，叫两方面并行不违起来，才会相反相成。

相反怎能相成？

就在于这个并行不违的作用之中。

怎样并行不违？

就在于并行的双方同时发挥作用，是把双方的作用汇合起来，而不是把双方的本体合并起来。

二反律与二元律比较起来，其不同的地方在于二反律的双方没有交合化生作用，这一点要弄明白，不然就会是非不明，闹出无尽的笑话出来。

但二元关系的事物却无不具有二反作用。

也就是说，二元律的双方，既能交合化生，也能相反相成，而且必须相反相成，才能交合化生。想想两性生活中种种道理，这种道理也就容易明白了。

二替律

二替律与二反律比较起来，也有类似的地方，都是相反的双方配合起来发挥作用。

但二反律的双方必须同时存在、同时发挥作用。二替律的双方却不能同时存在，也不能同时发挥作用，如物质运动的化合与分解、闭合与开张一样；如自然界的光明与黑暗、炎热与寒冷一样；如社会的亨通与滞塞、和谐与纷争一样；如人生的顺利与困难、活动与休息一样。两个方面连接着，互为存在依据，互为发展始终，你来了，我去了，我来了，你去了，像在循环往复。

如果仅仅抓住二替律一片道理，便会形成循环论，道家的哲学辩证法正是这样。

其实世界本无绝对的循环往复，一切循环往复无不归结为螺旋式前进运动。如果不理解这番道理，就不能够理解二替律的实质。

二替律与二极律比较起来，也有类似的地方，都是关系双方在向它的对立面转化，这往往叫哲人晕头转向，把二者混同起来，其实不可能混同起来。

二极律的性质是以新的二元体取代旧的二元体，是以双代双；而二替律不过是关系双方的交替交生，像甲乙两人交互地值班换班一样。

二极律是连续的以新代旧，而二替律是连续的以旧代新。

是二极律重要呢？还是二替律重要呢？

应该说二极律重要一些，二极律是端律，二替律是它的次律罢了。

是二极关系多呢？还是二替关系多呢？

显然二替关系比二极关系要多。我们走路、吃饭、休息、工作、学习、娱乐，每时每刻都遇到二替关系：当我们睡觉的时候，知道还要醒来，所以能安心入睡；当我们上班的时候，知道还要下班，所以能认真工作；当我们遇到困难的时候，知道困难过去还有顺利，所以能乐观上进。

二替关系是事物在时间延续中的表现。

二反关系是事物在空间延伸中的表现。

二替是纵向表现，二反是横向表现，一纵一横，形成事物的错综复杂的发展运动。

三才人极的辩证体系

易哲学中有两套辩证体系：一是二元化生的辩证体系，即二元律、二极律、二反律、二替律的规律精神，前面已经讲过，我们也都明白了；二是三才人极的辩证体系，后面就要讲到。这一前一后，两套辩证体系并列着、交织着，构成易哲学的辩证思想的全面性质。

三才人极的辩证体系藏在《易经》的卦爻辞中、爻变法中，但藏得较深；在《易传》中已由孔子以前以后的圣人们分解出来，成为《易传》哲理的组成部分。

三才是什么？是天、地、人的总称；天地就是客观世界，人在天地之间，所以天、地、人成为一个体系；人作为万物之灵，具有主体性能动精神，所以能与天地并列，形成一极。古人是这样想的，天在上，地在下，把天地视为两极，加上人极，形成三极并立。用现代的哲学观念来加以阐释，我们应当认为所谓天地正是人作为主体一方所要面对的整个的客观世界。所以三才人极的辩证体系，就是主客体的存在关系、发展关系，也即人作为主体怎样认识世界、顺应世界、改造世界的规律精神。

分析起来，就有因果律、来去律、主客律、客主律四律，也即八律的后段四律。

这恰恰对应着坎、离、艮、兑四卦的道理，没有任何违逆的地方。

也恰恰对应着阳负、阴负、阳极、阴极四性的道理，也没有任何违逆的地方。

因果律

易学的因果辩证不同于佛学的因果辩证，也不同于机械唯物主义的因果辩证。

为什么不同呢？

因为易学的因果辩证不是孤立的说因说果，而是把因果律与主客律联结起来；因为主客律不是别的什么，而是对于主体性的肯定；因为主体性不是别的什么，而是对于主体能动作用的肯定。

一切事物的发展运动，归根结底不过是一个个的主体在系统内的集体的发展运动，一个个的主体在这集体的发展运动过程中必定受到其他主体的影响作用，这就是因；一个个的主体能够从这影响作用中产生出来，这就是果。每个主体事物的产生，都是许多主体事物错综影响的结果，这叫多因一果。而这果一旦产生出来，便具有主体能动作用，反过来又影响其他主体，这叫一果多因。与此同时，许多主体之间也相互施加影响，这叫互为因果。

多因一果、一果多因、互为因果，这是事物发展运动中一项普遍的规律精神，任何事物都不得不在这因因果果的河中漂流。

所谓多因一果，这多因是什么呢？

乃是多个主体能动作用。

所谓一果多因，这一果是什么呢？

乃是一个主体能动作用。

事物在不一定的因果关系中产生出来，在不一定的因果关系中发展运动。

为什么不一定呢？

就因为主体能动作用在起作用。

来去律

事物有来有去，有它产生、成长、健旺和衰亡的过程。

为什么不说有生有死呢？

易学认为事物都没有绝对的死，有些死，如二替关系那样，不过死去活来；有些死，如二极关系那样，死前总是要留下后代，所以它们作为类并没有死。

事物作为主体、作为生命，死前通常要留下若干后代，或若干种子，从一个扩张开来，变为若干主体、若干生命。任何一对生命二元体无不具有无限扩张其生命的繁殖能力，只要条件许可，就能很快地充满世界。但这是不可能的，因为世界上有无数生命二元体都要扩张；因为这世界实在有限，它们赖以生存的条件实在有限，这就形成一个自然界的根本矛盾，形成一个动物世界的根本矛盾，形成一个人类社会的根本矛盾。

这矛盾怎样解决？

这就无可避免地引出主体对于客体的竞争规律，和客体对于众多的主体的扬弃规律。

所谓主体对于客体的竞争，可能是个体对系统的竞争，可能是个体对群体的竞争，也可能是个体对另一个体的竞争。在这地方，个体作为一方，而其他个体、群体或系统，哪怕多么强大和庞大，也只能作为一方。

所谓客体对于众多的主体的扬弃，这客体可能是整个世界，可能是整个社会，可能是一个国家，可能是一个团体，可能是一个企业，也可能是一个生命个体；这客体就是系统，这客体对于众多的主体的扬弃也就是系统对于系统内的众多的个体的扬弃。

在一个系统以内，作为个体为什么能够存在，就在于它是能竞争的个体；如果不能在竞争中取胜，或因为衰老失去竞争能力，它便不可能存在下去。

一个系统，作为客体为什么能够存在，就因为它是能扬弃的系统；如果不具有扬弃能力，或因为衰老不再具有扬弃能力，它便不可能存在下去。

主客律

主客律就是主体对于客体的能动作用，也即主体竞争的规律精神。

因为任何主体的存在只能是在竞争中存在，离开竞争便不能存在。试想一想，哪个与世无争的人能够建功立业？哪个与世无争的企业能够发财致富？哪个与世无争的民族能够繁荣兴旺？作为个人而不能建功立业，怎能得到社会承认？作为企业而不能发财致富，怎能在社会中顺利求生？作为民族而不能繁荣兴旺，怎能在世界的民族之林中发挥作用？

所以竞争本身就是个体存在和发展的规律，谁不承认这一点，谁就要犯错误。

所以竞争不仅是个体对于客体的竞争，也是集体对于客体的竞争，也是集体对于集体的竞争，如果只见个体，不见集体，也就要犯错误。

在个体对于客体的竞争运动中，个体如不与集体结合起来，就显得十分渺小，也十分软弱无力，这就说明和竞争原则同时存在着合作原则。在自然界，物以类聚。在人类社会，人以群分。为什么物以类聚？为什么人以群分？都是合作原则在起作用。当个体开始成长的时候，需要群体保护；当个体面对强大的敌对势力的时候，需要参加到群体中才能发挥作用，不合作怎么行呢？为什么在动物世界中、在人类社会中无不存在着亲子之爱、亲族之爱、亲群之爱呢？就因为需要合作。

所以竞争与合作结伴同行，当我们与人竞争的时候，不要忘记了与人合作；当我们与人合作的时候，不要忘记了与人竞争；即使合作伙伴间也存在竞争关系，因为由合作伙伴形成的集体，对于集体中的个体来说也属客体，也具有扬弃作用。

但是最要紧的竞争对象是在集体以外，是阻碍本集体发展前进的敌对势力、敌对集团、敌对个体；或作为个体来说，是阻碍本个体发展前进的敌对势力、敌对集团、敌对个体。这往往形成一对一的敌对关系，形成你死我活，短兵相接。

在这时候，在这生死关头，作为具有主体性能动精神的个体，就要竞争，就要战斗，就要拼杀，就要竭尽全力以吃掉敌人而不被敌人吃掉、战胜敌人而不被敌人战胜、压倒敌人而不被敌人压倒。

在这地方，在这种情况下，怎样吃掉敌人、战胜敌人、压倒敌人的方法，就是我们所说的竞争哲学。

客主律

客主律与主客律是相联结的关系，与此对应着的，是二元律与二极律的相联结的关系。

二元关系与二极关系是事物发展运动的两个过程。

主客关系与客主关系是事物发展运动的两个方面。

有主客就有客主，有客主就有主客。

主客律表现为竞争哲学，主客关系是以竞争为主吗？却不是的。所谓竞争哲学，是竞争与合作并重，把竞争与合作看作并行不违的道理。

竞争哲学表现为竞争原则与合作原则并重，但在实际竞争中总是存在着次要的竞争对象，需要另眼看待；在实际合作中总是存在着次要的合作对象，需要另做安排；这两种对象加起来往往为数很多，形成一个需要协调的阵线。

这样就形成竞争、合作、协调三原则。

客主律也像这样，客主律的原则是优选与淘汰并行，只谈优选，那么那些不被优选者便会拖在后面，形成一个拖拉着的尾巴，拖住系统的前进步伐；只谈淘汰，那么那些不被淘汰者便会滞在前面，形成一个滞塞着的障碍，滞住系统的前进步伐；唯有优选与淘汰并行，才会形成一种前有拉力后有推力的强劲的前进运动。

但无论优选也好、淘汰也好，都只涉及少数个体，而使众多个体处在优选与淘汰之间，他们如不加快步伐前进，便有被淘汰的危险，不得不加快步伐前进；他们如加快步伐前进，便有被优选的可能；虽然他们被优选的可能性是很小的，被淘汰的可能性是更小的，它们总要适应这种正常进行的速度，争取顺利向前。

这样就形成为优选、淘汰、适应三原则。

二元进化辩证法

在八卦结构中，八卦分为前后两段。

八卦的前段包括乾、坤、震、巽四卦，也即阳端、阴端、阳次、阴次四性，恰恰对应着八律的前段四律，即二元律、二极律、二反律、二替律，正是二元化生的辩证体系。

八卦的前段四卦以乾卦为阳端，与此对应着的，八律的前段四律以二元律为阳端。二元律处于阳端地位，所以独领风骚，对其余七律起着阳性的一切作用，即主导的作用、制约的作用、开创的作用。

八卦的后段包括坎、离、艮、兑四卦，也即阳负、阴负、阳极、阴极四性，恰恰对应着八律的后段四律，即因果律、来去律、主客律、客主律，正是三才人极的辩证体系。

八卦的后段四卦以兑卦为阴极，与此对应着的，八律的后段四律以客主律为阴极。客主律处于阴极地位，所以总理全局，对其余七律起着阴性的一切作用，即主成的作用、治理的作用、实施的作用。

客主律的道理是什么？就是进化，这与二元律的道理前呼后应，自然联结起来，二元八律辩证法也就可以叫做二元进化辩证法。

《易传》中说："因贰以济民行。""贰"是什么呢？就是二元进化辩证法。

《易传》中又说："一阴一阳之谓道，继之者善也，成之者性也。""道"是什么？就是辩证法；"一阴一阳之谓道"，是说这种辩证法的二元性质；"继之者善也"，是说这种辩证法的进化性质；"成之者性也"，是进一步说，是什么力量促成二元达到进化呢？是阴阳二性的"性"在起作用，而"性"是事物的内在的辩证运动。

阳性系列与阴性系列

在八卦结构中，阳性系列是乾、震、坎、艮四个阳卦的顺序排列；在八卦性质中，阳性系列是阳端、阳次、阳负、阳极四个阳性的顺序排列；这里对应起来，在二元八律辩证法中，阳性系列是二元律、二反律、因果律、主客律四个阳律的顺序排列。

在八卦结构中，阴性系列是坤、巽、离、兑四个阴卦的顺序排列；在八卦性质中，阴性系列是阴端、阴次、阴负、阴极四个阴性的顺序排列；这里对应起来，在二元八律辩证法中，阴性系列是二极律、二替律、来去律、客主律四个阴律的顺序排列。

这样一来，我们就看到了整整齐齐的两排系列。

阳律系列：二元律、二反律、因果律、主客律。

阴律系列：二极律、二替律、来去律、客主律。

阳性系列规律

二元律、二反律、因果律、主客律，这个阳性系列，这阳性四律，它们所起阳性作用是些什么呢？也是主导的作用、制约的作用、开创的作用。

也即提供信息的“生”的作用。

二元律的性质是同类异性，共存互补，交合化生，这结果就会生出“新”来。

二反律的性质是同类异形，共存互补，相反相成，这结果就会生出“能”来。

因果律的性质是多因一果，一果多因，互为因果，这结果就会生出“机”来。

主客律的性质是在竞争中求存，在竞争与合作中求进，这结果就会生出“力”来。

二元生新。

二反生能。

因果生机。

主客生力。

新、能、机、力，恰恰构成世界信息的全部内容，没有这些，世界怎能持续不断地发展运动？

阴性系列规律

二极律、二替律、来去律、客主律，这个阴性系列，这阴性四律，它们所起阴性作用是些什么呢？也是主成的作用、治理的作用、实施的作用。

也即发展运动的作用。

二极律的性质是同类异代，共存互斥，新陈代谢，连续不断地新陈代谢，便自然地形成更新式发展运动。

二替律的性质是同类异时，交替交生，连续不断地交替交生，便自然地形成螺旋式发展运动。

来去律的性质是有去有来，去一来多，连续不断地去一来多，便自然地形成扩张式发展运动。

客主律的性质是优选淘汰，连续不断地优选淘汰，便自然地形成扬弃式发展运动。

一是更新式发展运动。

二是螺旋式发展运动。

三是扩张式发展运动。

四是扬弃式发展运动。

四类发展运动合起来，便自然地形成持续不断的发展运动。

发展运动是什么？就是不断更新、不断前进、不断扩张、不断优化的意思。

三、二元八法格致法

易学易简格致法

格致法是中国由来已久的认识论思想方法的名称。

二元八法格致法从二元八律辩证法演绎而来。

二元八律辩证法比如是八条不同类型的路，顺这八条不同类型的路前进，需有八类不同类型的交通工具，否则就不能前进，或不能顺利前进。

怎么办呢，这种辩证法叫做二元八律辩证法，这种格致法叫做二元八法格致法，加起来就有一十六项，这难道不烦难吗？

请不要认为这八条路要你同时去走，也不要认为这八类交通工具要你同时去用。你到哪儿去呀？选好目标，一个目标就行了，你不能同时选两个目标；选好线路，一条线路就行了，你不能同时选两条线路；选好交通工具，一种交通工具就行了，你不能同时又坐车又坐船呀！

但是人在社会上做事，或在学府里研究问题，那些社会的路和知识的路，并不像陆路水路那样明明白白在那里。那样的路大都看不清，要人去用脑子，难就难在这里，烦也烦在这里了。

但不管多么烦难，要做好一件事，要解决一个问题，只要懂得难中求易、繁中求简、多中求一的道理，也就容易明白应该采用哪种方法了。

八法

结构法　典型法　联系法　筛选法

限度法　断面法　经历法　透视法

八法从八律演绎而来，每一律都演绎为一法，每一法都对应着一律。这演绎和对应，关系极为明确，你们一看便知，我无须多说明了。

一是结构法，直观事物的内部结构，也即事物的阴阳结构，把握了事物的阴阳结构，事物的性质也就明白了。

二是限度法，直观事物的量的限度，也即事物的量的规定性中的最高限度和最低限度，也即从量变入手把握事物质量互变的情况。

三是典型法，直观事物的部分情况，也即直观其部分的阴阳结构及其量的限度的情况；洞悉了它的部分，由部分推知全局。

四是断面法，直观事物的片段情况，通过对其一个特定片段的了解，推知其全过程的发展情况。

典型法是从部分到全局的过渡，断面法是从阶段到全过程的过渡，过渡的船是什么？是人的推理能力，是靠头脑去想。既是想得结果，也就是间接所得。许多事物我们不可能直观其内，不可能直测其度，只好用这二方法求得其近似的质和量的情况。

五是联系法，考察事物外部的主要联系，通过其外部的主要联系认识其内在本质。为什么强调主要联系呢？因为只有主要联系才是影响事物本质变化的东西。

六是经历法，考察事物的来龙去脉，看它从怎样的具体过程中发展过来？明白了它的过去，可推知它的现在和未来的发展规则。

联系法所考察的是事物的横的联系，经历法所考察的是事物的纵的联系，所以都是从联系中认识事物的方法。

七是筛选法，从偶然性中筛选出必然性来，必然性就是事物发展运动的规律精神。我们认识事物的目的是什么？就是要求得它的规律精神。

八是透视法，从现实性中透视出可能性来，可能性就是预测。

我们认识事物的根本目的是什么？就是预测其发展方向，看其前景和趋势如何，我们的认识运动才能从认识走向实践，把认识同实践联结起来。

四论

摄取论　扬弃论
求实论　趋时论

四论从八法归纳过来。从八法说到四论，就说到主体意识系统的问题上来了。

为什么叫做主体意识系统呢？

因为主体把外界知识摄取进来，不仅要储存起来、整理起来、积累起来；在摄取、储存、整理、积累的同时，还要有所肯定、有所否定、有所裁剪、有所联结、有所融化、有所贯通，把外界知识变成自我的主体意识的组成部分，使主体意识愈发展、愈为精密。

这是摄取论和扬弃论的道理。

怎能保证主体意识系统的正确性呢？

提出这一问题的原因是什么呢？一是我们必须要有一个正确无误的主体意识系统，而这单靠摄取和扬弃不可能达到目的；为要达到这一目的，就须保证我们所摄取的外界知识是实在的。二是外界的实在知识是在不断发展变化的，我们在摄取的同时，在扬弃的过程中，要随着外界的实在知识不断发展变化着的情势（时）前进，使我们的主体意识愈发展，愈为合理。

这是求实论和趋时论的道理。

所以一个正确的主体意识系统的形成，不仅是个不断摄取的过程，也是一个不断扬弃的过程，也是一个不断求实的过程，也是一个不断趋时的过程。只要人在生活着、思想着，这过程就要不断地进行下去。

二原则

实事求是原则

随机应变原则

二原则从四论归纳过来。从四论说到二原则，就说到客观真理的问题上来了。

为什么要有客观真理呢？

因为我们作为人，都有主体意识系统；作为主体意识系统，都有与人殊异的思想能力；作为与人殊异的思想能力，对于客观事物都有不同于众的认识，就是主观认识。如都以为自己的认识是正确的，就形成主观真理，也就形成很多的主观真理，这对我们从事社会事业是很不利的。我们需要的只是客观真理，就是真正符合真理标准的，也就是符合客观事物实际情况及其发展变化情况的认识水平。

要求得客观真理，就要采用实事求是的方法，深入社会实际，搜集真实材料，广泛调查研究，充分论证分析，然后深刻思考，从中找出能够解决问题的正确的办法出来。这是现在的人很熟悉的哲学方法了，是从我们的文化传统中传下来的，是我们特有的哲学方法。

与此同时客观事物是在不断发展变化的，客观真理就要随着客观事物的发展变化，不断地有所修正，就是随机应变的方法。这也是我们现在的人很熟悉的哲学方法了，也是从我们的文化传统中传下来的，也是我们特有的哲学方法。

把实事求是看作随机应变的依据。

把随机应变看作实事求是的发展过程。

把实事求是的“是”与随机应变的“机”联结起来，就是“时”，就是在当时当地，在当时当地当事的人们看来最正确的道理、最准确的道理、最有效的道理、最有用的道理、最需要的道理、最新鲜的道理、最生动活泼的道理。

这样论证下来：

实事求是就是理性主义的一篇道理。

随机应变就是实用主义的一篇道理。

这就最终把八法、四伦、二原则归结为一个主义。

理性实用主义

也即“趋时和不断趋时”之义。

《易传》中说：“变通者，趋时者也。”已经译为：“人对客观事物的认识，无非表现为追捕其时。所谓其时，即在一定的范围以内，一件事、一项事业、一项工程或一次战争，其内在的因素和外在的条件加在一起形成的势，将在多大程度上推动该事物朝着何种方向发展，并且产生可能成功、可能失败、可能顺利、可能不顺利的情况。只有追捕到时，人才能够发挥主体能动作用，争取该事物朝着对人有利的方向转化，达到人自身的目的。”

这里后面的话是说，“争取该事物朝着对人有利的方向转化”，正是实用主义。

这里前面的话是要我们认识和利用“其内在的因素和外在的条件加在一起形成的势”，正是理性主义。

所以所谓理性实用主义，第一是说这件事是我们需要办的；第二是说这件事是我们已经认定通过尽心尽力能够办到的；第三是说这尽心尽力和能够办到之间的过程，就是趋时和不断趋时的最为紧急的过程。

这过程惊心动魄。

这过程险象迭生。

这过程恰如时间流逝中的瞬间一样，容不得一点疏忽。

这瞬间就是时机，是趋时和不断趋时中的关节渡口或要津，被孔子称之为“几”。

所以孔子说过：“君子见几而作，不俟终日。”是说一切有作为的人们是看重时机的，一旦追捕到时机会立即行动起来，决不等待明天。

你看孔子把话说得多么严正啊！

卷五

易哲学政治思想研究提纲

导　读

易哲学政治思想从易哲学演绎而来，易哲学是二元进化主义的，它的政治思想也是二元进化主义的。一个二元并行的道理，一个进化革新的道理，也即中正和谐和发展进步的道理，乃是易哲学政治思想的根本道理。我们在讲易哲学的时候，分为结构法、辩证法、认识论三个段落来讲，在讲政治思想的时候也是一样。其结构法是什么呢？是阴阳易位与阴阳并行不违的系列道理。其辩证法是什么呢？是人道主义与功利主义并行不违的系列道理。其认识论是什么呢？也是理性实用主义，是在政治领域的实事求是和随机应变的系列道理。

一、阴阳易位与阴阳并行

政治结构法

我们在讲到社会结构法的时候，把上层社会排在前面，排在阳性主导一方，把下层社会排在后面，排在阴性主成一方；我们讲到政治结构法的时候，要把下层社会排在前面，排在阳性主导一方，把上层社会排在后面，排在阴性主成一方。是否弄颠倒了呢？

回答是没有颠倒。

因为这种颠倒恰是从社会结构法到政治结构法的规律性的变化。

因为社会结构法是个八卦，政治结构法是社会结构八卦中的一个次八卦，而且这个次八卦处在社会八卦序列中的坤卦的地位，也即阴性的地位；我们单讲政治，也即把政治这个阴性次八卦从社会结构八卦中拿了出来单独来讲，这样一来就形成阴阳易位。

泰卦是讲政治的卦，泰卦的卦象就是阴阳易位，其彖辞中说："天地交而万物通也，上下交而其志同也。"

交是什么呢？

正是阴阳易位。

阴阳易位

阴阳易位是《易经》政治思想的基本性质。

阴阳易位就是社会合作。

是谁跟谁合作呢？

社会被分为上下二层，上层社会和下层社会要讲合作。社会被分为两个阶级，经营阶级和生产阶级要讲合作。

为什么要讲合作呢？

因为上层社会与下层社会之间、经营阶级与生产阶级之间有着阴阳关系的性质，阴不离阳，阳不离阴，唯有共存才能存在，唯有互补才能发展，唯有共存互补才能亨通和畅地发展向前，这样也就达到了泰的境界。泰就是社会合作的意思、发展进步的意思。在这地方，社会合作是社会发展进步的前提，没有这个前提，社会便不能发展进步；发展进步是社会合作的方向目的，否则社会合作也就没有意义了。

怎样才能合作起来呢？

这就要求上层社会要有为下层社会服务的思想，经营阶级要有为生产阶级服务的思想，唯有这种服务的思想才能促成社会合作，否则社会就不能合作起来。

阴阳并行

归根结底社会和国家的主人是谁呢？

是下层社会。

而上层社会处在做仆者的地位。

在原始社会阶段，原始部落还未形成阶级分化的时候，部落民众权利平等的时候，部落会议选举酋长的过程，就是下层社会作为主人的政治工作。在酋长任职过程中部落会议对酋长的支持、拥戴、批评、谴责，等等，也是下层社会作为主人的政治工作。

酋长作为部落君长，实质上是为部落民众服务，是处在仆的地位，是仆人而非主人，部落的主人却是部落民众。那时情况简单，这种主仆关系就容易分辨出来。

所以从原始社会开始，上层社会做仆和下层社会做主的政治格局便一直传承下来。

后来下层社会分化了，形成了经营阶级与生产阶级。

所以经营阶级也属于下层社会。

当这两个阶级利益一致、关系融洽的时候，上层社会便代表着两个阶级的共同利益。当这两个阶级利益不一致的时候，当经营阶级单独支配政治，也即上层社会和经营阶级串通一起压制生产阶级的时候，上层社会便只代表着经营阶级一方的利益。

但不管是代表着两个阶级的共同利益，还是代表着经营阶级一方的利益，上层社会为下层社会做仆的性质却是改变不了的事实。

既有仆就必有主，没有主，仆的地位就无法得以成立。

既有公仆也就要有公主，没有公主，公仆的地位也就无法得以成立。

这里所谓公主，《易经》上称为夷主，夷是公众和普通人的意思。所以这公主一词和公仆相对而言，公主与公仆，就形成为政治结构中的二元体制，公主属于阳性一方，公仆属于阴性一方。同时也就形成为阴阳二权，公主权属于阳权，公仆权属于阴权。

阳权对于阴权来说起着主导和监督的作用。

阴权对于阳权来说起着主成和治理的作用。

二权相反相成，具有并行不违的性质。

反阴阳易位

有正面的道理就有反面的道理，有泰卦就有否卦。

泰卦是社会合作，否卦是社会压迫。

泰的卦义是社会合作促使社会发展进步的意思，否的卦义是社会压迫促使社会否闭衰穷的意思。

否卦的彖辞是："否之匪人，不利君子贞，大往小来，则是天地不交而万物不通也，上下不交而天下无邦也。内阴而外阳，内柔而外刚，内小人而外君子；小人道长，君子道消也。"已经译为："天地何以衰穷？阴阳不得融通，万物的生机断了，旧的死亡新的不再发生。社会何以衰穷？上下不得融通，王公们昏暴横行，以致民不聊生。天下乱套了，正气下降，邪气上升；奸贼当道，忠良被放逐；庸人为官，英杰做奴仆；小人飞黄腾达，君子苦伶仃。"

这就是说，政治上层已经站到经营阶级一方去了，不再为生产阶级服务，反而压迫生产阶级；生产阶级的政治权利和社会权利都被剥夺，他们的生产积极性就会低落，生产就不能正常发展，社会也就不能正常运行了。

也就是说，上层社会作为公仆一方的权力变质了，下层社会作为公主一方的权利失落了，政治就成为不正常的政治，社会也就成为不正常的社会了。

反阴阳并行

为什么有了公主一方还要公仆一方呢？

因为政治是要治理民众的种种事务，要有治理种种事务的权力，而权力超越于民众之上，而掌握权力的只能是很少的人，而权力是金字塔结构，掌握最高权力的人更少了。公仆都是掌握实权的人们，如一个国家的政府和各级政府，如一个企业的经理部和各级经理部；如国家没有政府、如企业没有经理部，国家和企业的工作就无法运转起来。

为什么有了公仆一方还要公主一方呢？

因为公仆一方的本质是为民众服务，怎能保证他们为民众服务呢？这就要有公主一方的主导和监督作用，没有公主一方的主导和监督作用，他们为民众服务的权力就会变质。他们掌握着实际权力，而他们也是一个个具体的人，他们各有家庭、各有家族、各有亲族、各有社会关系的特殊网络，也各有特定的思想沿革，谁能保证他们不抛开民众，把民众给予他们的服务权力转而用于为家庭服务呢？为家族服务呢？为亲族服务呢？为小集团服务呢？为各种不正当的社会力量服务呢？他们还在服务，而服务的对象已经不是民众而是自家了，这就叫做蜕变。

这种蜕变，形式上表现为专制独裁，实质上表现为以权谋私，把民众的，也即国家的或企业的公款公物变着法儿拿回自己家中去了，或自己一伙人家中去了。

二、人道主义与功利主义

政治辩证法（一）

我们在讲哲学的时候，先讲了二元八周结构法的道理，后讲了二元八律辩证法的道理。二元八律辩证法从二元八周结构法演绎而来，所谓辩证法，正是结构法的发展运动的规律精神。

我们讲政治思想，先讲了阴阳易位与阴阳并行，就是政治结构法的道理；讲到人道主义与功利主义，就讲到政治辩证法方面来了。

政治辩证法的道理，其要点是什么呢？

一是社会合作，二是社会的发展进步。

社会怎能合作起来呢？

无非要有人道主义的方法。

社会怎能发展进步呢？

无非要有功利主义的方法。

人道主义

对人道主义的理解，各时代、各民族、各国家、各阶级、各党派、各学派、各学术团体、各社会团体，甚至各村各镇、各家各户、各男各女，都有不同于众的看法。

为什么不同于众呢？因为都是从自我利益出发，或是从本集团、本共同体的利益出发。

在《三国演义》中，刘、关、张桃园结义闯天下，不知杀害了多少人命，在他们看来没有什么不对的地方；一旦关、张被人杀害了，刘备便起来报仇雪恨，又因此杀害了很多人命，在刘备看来也没有什么不对的地方。他们的人道主义局限于三人的狭小的圈子以内。

在《水浒传》中，梁山好汉们拦路抢劫，杀人越货，把抢来的财物拿回山寨中去，大家大碗吃酒肉，论秤分金银，在他们看来，并没有什么不对的地方。他们的人道主义局限于山寨的狭小的圈子以内。

在《红楼梦》中，贵族男女对于奴仆婢妾都是冷酷无情的，虚仁假义的，而对于儿女仁至义尽。他们的人道主义局限于直系亲属的狭小的圈子以内。

为什么我国封建社会的人道主义会是这样呢？

因为从秦汉以来我国封建社会进入滞塞拖延的时代，一代代的地主政权始终奉行着亲亲恩赐主义的社会政策；人们只知有亲属利益，不知有民众利益，只知有帮派利益，不知有国家利益，人道圈子越来越小，能够突破这种圈子的人很少了。

《易经》的人道主义，不是亲属圈内的人道主义，也不是帮派圈内的人道主义。

坤卦的象辞中说："地势坤，君子以厚德载物。"一句话就说得很明白了，要我们像大地母亲一样向世界敞开胸怀，一视同仁地看待世界上所有的人。孔子泛爱众而亲仁的思想、墨子兼相爱交相利的思想，都是《易经》的厚德载物思想的表现形式。

在《易经》卦爻辞中，在《易传》章节中，这道理满篇都是。总的说来，是要人们相互尊重，把自己看作人，把别人也看作人，承认人和人阴阳平等。这是人道的第一层道理。

人们需要相互尊重，便需要相互爱护，把尊重人爱护人视为善行，把歧视人伤害人视为恶行，树立正确无误的善恶观念和爱憎观念。这是人道的第二层道理。

作为社会的人是有差别的，竞争的条件、合作的条件是不相同的；作为自然的人也是有差别的，体力的强弱、智力的强弱也是不相同的；作为竞争前进的人也是有差别的，机遇和时运的顺逆也是不相同的。达到强者地位的人们，理应对处于弱势地位的人们以帮助，这是人道的第三层道理。

社会被分为上层和下层，上层社会总处于优越地位；人们被分为做官做民，做官者总处于优越地位。对于下层社会的特殊需要的满足、对于人民大众的困难情况的解救，这是人道的第四层道理。

把本民族人看作人，把异民族人也看作人；把本国人看作人，把外国人也看作人，树立起人类平等和世界大同的思想感情，这是人道的第五层道理。

以上五层道理合起来，其要点是什么呢？

是以民为本。

因为所谓人道主义，其主要受益对象应该是人民大众；其主要推行方式应该是由政府主持推行的有法可依的社会行为。

功利主义

要问功利主义是什么？现在的人们很可能就要回答：是急功近利呀，那不过是些眼光短浅的行为罢了。或者又要回答：是唯利是图呀，那不过是些心胸狭隘的行为罢了。或者又要回答：是功名富贵呀，那不过是些谋取私利的行为罢了。

《易经》中所说功利主义并非这些行为中任何一种。

《易经》中所说的功利主义，只是前面一个功字，后面一个利字，只是先功后利的意思；因立功而得利的意思；先立功而后得利的意思；有功才能得利的意思。反过来说，是不能先利后功，不能无功得利。

功利主义是与人道主义相反的道理：人道主义是一种恩惠、一种照顾、一种赐予，是从被施惠者、被照顾者、被赐予者的实际需要出发，是济困扶危；而功利主义是一种奖励、一种报偿、一种酬劳，是以被奖励者、被报偿者、被酬劳者的实际贡献为依据的，是论功行赏。

对于社会说来，功利主义就是激励人们从事社会竞争的普遍的持久的扬弃运动，就是由国家团体进行的有组织、有领导、有法可依的竞争运动。这和自由竞争或无组织竞争是不相同的。

对于参加竞争的个人说来，功利主义就是以自我为本位为社会建功立业的奋斗过程、就是力争在群体中出人头地的奋斗过程、就是力争获取优越的生活条件的奋斗过程。这和投机取巧、钻营趋鹜是不相同的。

这样说来，功利主义就是一种正当的竞争方式，因而也应该是一种基本的竞争方式，是促进社会发展进步的运动系统。

在《易经》和《易传》的章节辞句中，多处讲到功利主义，真是功字满篇，利字满篇。

为什么会这样呢？无非体现了上古时代的功利传统，是从那时的功利传统升华而来的思想结晶。

有无这方面的依据呢？

依据之一，是关于黄帝时代大量的发明创造的传说，如没有功利主义，这发明创造怎么可能？

依据之二，是关于大禹时代一再论功行赏的传说，如没有论功行赏制度，庞大的治水运动就不可能成功。

依据之三，是夏商周多代圣王无不起用功利主义者为相，如没有功利主义传统，这种事就不会一再发生。

依据之四，是上古时代都是重商重利的，重商重利必定要在政治上表现为功利主义。

依据之五，是上古时代都是实行法治的，法治必定要与功利主义联结起来。

为什么要用上古时代的例证印证易哲学的政治思想呢？因为易哲学作为上古时代的正统哲学，持续四千余年之久，是推动上古时代发展进步的唯一的有效的思想方法。因而上古时代也称为易经时代。

人道主义与功利主义并行不违

前面讲了主权与仆权的并行不违，这里又讲人道主义与功利主义的并行不违。

是否把并行不违讲得多了？

并没有讲得多了，而是没有讲够，因为阴阳并行不违的哲理在政治上是太重要了，因为我们不幸把这个哲理忘得太久了。

所以反并行不违乃是我们传统的政治思想的病根。

这种病根，一是从先秦以来的一端论和循环论思想；一是从汉代以来的三纲论和君主一人独尊思想。这就发展为从政治到经济、到文化、到社会的一系列的一元化。这样化的结果，我们便只知其一，不知其二；只知有一，不知有二；只知尊一，不知尊二；只知求一，不知求二。

其实社会上的道理、政治上的道理，不是一，而是二。《易传》中说："因贰以济民行，以明失得之报。"就是古代圣人告诫我们，思考问题，处理问题，都要想到阴阳并行不悖的道理；

只有这样，才能把民众的事做好，才能正确理解为什么成功了为什么失败了的原因。

并行不违，怎样并行呢？

比如人道主义与功利主义，就是一阴一阳，就是阴阳并行的，就能各行其是，各发挥其作用，却又融会起来，共同实现着一个目的。

并行不违，怎能不违呢？

就因为并行双方的作用必须融会起来，才能实现着一个目的；如不融会起来，便不能实现。

一是人道主义，一是功利主义，本来是相反的两个政治观念，发现它们之间并行不违的道理，而且总结提高到哲理高度，对于我们说来实在是件不容易的事情，而我们的上古时代的祖宗们竟然做好了这件事情。

不仅在理论上这样做了，在实践上同样这样做了，所以我国的上古时代能够保持畅通无阻的发展势头。

是我国最早进入封建社会。

是我国的封建社会最早进入成熟时期。

但是正当我国历史进入成熟期封建社会的时候，我国上古传统的二元政治思想分裂了。人道主义与功利主义分道扬镳，形成两股偏失的思想潮流，又日益趋向极端，导致我国封建社会滞塞拖延了两千余年之久，这事实后面就要讲到，这里不多说了。

单一人道主义——亲亲恩赐主义

这里还有一个重要的规律精神，要我们认真地讨论一下。人道主义与功利主义，作为并行不违的一对关系，唯有持续地并行不违，才立于不败之地，处于不衰之年；也就是说，人道主义将永远是活生生的人道主义，功利主义将永远是活泼泼的功利主义。

如不能持续地并行不违，无论人道主义，无论功利主义，都不仅不能发展，也不能维持原状，而且很快地就会蜕变成和它们本质相反的东西。

我国历史上确实发生过这种蜕变。

春秋时代鲁国兴起的儒家学派，到战国时代便已成为单一人道主义的思想体系。他们只讲人事，不讲自然；只讲仁爱，不讲竞争；只讲伦理，不讲经济；只讲人治，不讲法治；只讲福利，不讲功利；只讲和谐，不讲改革；只讲稳定，不讲发展。总之是只讲人道主义，不讲功利主义，以为用他们关于仁爱呀、仁政呀、忠恕呀、礼让呀等等伦理观念的一方道理，就能把一切政治关系和社会关系建立在自觉自愿的基础之上；大家无争无执，无是无非；上层社会和下层社会，富贵人家和贫贱人家，全都和和气气、本本分分，而且一代代地和和气气下去、本本分分下去。

这怎么有可能呢？但他们硬说可能。

这样的自觉性怎能普遍地提高起来？但他们硬说能提高起来。

这样一个有善无恶的社会怎能在人间建立起来？但他们硬说能建立起来。

他们的话听起来是美妙的，但一到实践中去，就一定要碰钉子。归根结底，硬说人的自觉性能够普遍地提高起来，硬说一个有善无恶的社会能够在人间建立起来，不过是鲁国儒学大师们自欺欺人。因为自欺欺人，闭着眼睛瞎说，这就逐渐形成鲁国儒学信徒们愚蠢、迂阔、虚伪和顽固不化的学派性格。

在汉武帝独尊鲁国儒学以后，鲁国儒学的单一人道主义成了我国封建社会政治的唯一的指导思想。这结果怎么样呢？因为只讲人道主义，朝野上下，官家民家，在表面上便都成了正派十足的人道主义分子，便都成了思想纯正的君子人物，在实际上就把无数奸贼、恶棍、滑头和唯利是图的人包容进去了。不用很多时间，这些君子就都成了伪君子，人道主义也就成了伪人道主义。

与此同时，因为把功利主义制度一概地视为异端，这结果就把由伪君子们构成的政治队伍的积极性引向迷误，使他们依靠建功立业以求上进的思想日益泯灭。

怎能不泯灭呢？

你辛辛苦苦地工作，上级未必就会喜欢，只要上级不喜欢，你的辛辛苦苦就白白地辛辛苦苦了；而那些并不辛辛苦苦的人们，也即那些奸贼、恶棍、滑头和唯利是图的人们，却具有讨好上级的特殊本领，于是在政治领域的正常的竞功行为就被不正常的争宠行为所代替。

在《易经》政治思想看来，政治腐败的原因正是这样的争宠得宠活动的必然结果，是争宠得宠的小人代替建功立业的君子掌握了政治权力，而且把他们的亲属和亲信拉扯进去，把建功立业的君子排挤出去了。

他们怎能不排挤君子们呢？

君子们的存在自然构成他们争宠得宠的障碍，他们要扫清障碍，乃是非常自然的行为。

他们怎能不拉扯亲属和亲信呢？

因为他们要以权谋私，而且要一直以权谋私下去，没有抱成一团的亲亲派系，就不能达到目的。

这样一来，他们的人道主义圈子就越来越小，他们虽然也有着强烈的爱，但只爱着亲属和亲信，而把民众看作草芥和刍狗一般。

这样一来，他们的政治思想就不再具有人道的性质，也就蜕变为亲亲恩赐主义。

单一功利主义——刑罚镇压主义

单一的人道主义蜕变成为亲亲恩赐主义，变成与人道主义本质不同的东西。单一的功利主义是否也要蜕变呢？也要蜕变，蜕变为刑罚镇压主义。

我国的上古时代是个人道主义与功利主义并行不违的时代，从黄帝到尧舜禹，到夏商二代，大体上是这样的。

大约从殷商时代后期，也即我国社会进入封建社会的时候，殷商作为那时的封建社会的中央王国，首先废弃了人道主义，而以功利主义作为唯一的指导思想。国王对于百姓、上层对于下层，统治权威便日益增多，制约制度便日益减弱。到了这步田地，与其以功利主义作为推动社会的手段，还不及以刑罚镇压的手段来得痛快。因为功利制度既烦琐，又硬强，又无情无义，因立功而得利的人们往往是他们不喜欢的人们，因无功而失利的人们往往是他们很喜欢的人们；因为具有竞功性格的人们往往不愿争宠，也缺乏争宠能力，而具有争宠能力的人们却缺乏竞功能力。

这在政治上便形成为矛盾。

这矛盾怎样解决？

这时如国王对于百姓、上层对于下层，专制性再稍稍抬起头来，功利制度就很快地不起作用了，刑罚镇压就一跃成为社会政治的指导原则。百姓对于国王、下级对于上级、下层对于上层，如不服从命令，就坚决予以镇压，这就蜕变为刑罚镇压主义，就是殷商后期政治蜕变的实际情形。

殷商以后八百年，还有秦国的单一功利主义蜕变为秦朝的刑罚镇压主义的史实。秦朝以后八百年，还有隋朝的单一功利主义蜕变为刑罚镇压主义的史实。在历史上就有殷纣王、秦始皇、隋炀帝三次重大的因功利主义蜕变而亡国的史实。

在以上三次功利主义蜕变中，尤以秦国的功利主义蜕变最具代表性。战国时代兴起的法家思想正是单一功利主义的政治思想，秦国正是以这种政治思想作为唯一的指导思想的国家。

秦国推行功利主义，开始还具有人道主义的性质，因为秦国原是从西周国的人道主义乡土中间成长起来的。所以功利主义能够与原有的人道主义传统相适应，发挥无敌的竞争力量。在商鞅变法后一百年间，秦国一步步由弱变强、由小变大、由守转攻，秦国的功利主义就一步步地蜕变，到秦始皇时代一个极强大的秦国好像不再需要功利主义了。秦始皇吞灭六国的过程，也就成了吞灭功利主义的过程，到建立秦朝以后只剩下赤裸裸刑罚镇压。秦朝的迅速兴起又迅速灭亡的历史，难道不是它应得的吗？

这样说来，单一功利主义比起单一人道主义来，便很明显不过地有着因高速发展而很快灭亡的性质，也就是一种类似英年暴死的性质。

单一人道主义与此相反，却很明显地具有慢慢发展慢慢衰亡的性质，也就是一种类似久病缠身该死而迟迟不死的性质。

比较起来谁好谁坏呢？依我看来是单一人道主义更坏一些，因为它究竟要拖延太多时间，如果把所拖延时间以内的破坏性累计起来，恐怕要比很快到来的灾难更加巨大得多了。

亲亲恩赐主义与刑罚镇压主义狼狈为奸

有没有这样的可能性呢？

有的，因为亲亲恩赐主义乃是人道主义的变种，严格说来仍属于人道主义，不过人道的圈子很小罢了。正因为人道的圈子很小，而且越来越小，在圈子以内实行着人道主义，对于圈子以外的多得多的人们怎么办呢？

再没有别的办法，只有刑罚镇压。

当汉代初期的单一人道主义政治蜕变成为汉武帝时代的亲亲恩赐主义政治的时候，当汉武帝以鲁国儒学一家之言作为政治指导原则的时候，很快发现这种儒学在治国治民方面无能为力的性质，也很快发现亲亲恩赐主义的人道圈子无法扩及到下层中去的性质，在这种情况下，聪明的汉武帝便想到亡秦时代的刑罚镇压。但那时离亡秦不远，亡秦的刑罚镇压主义已经声名狼藉，聪明的汉武帝便想到阳儒阴法：在官场文章中、在公开场合中、在教育制度中、在伦理说教中，只谈鲁国儒学的单一人道主义，把鲁国儒学作为一面巨大的人道旗帜，来团结上层社会，巩固官僚队伍，规范臣民秩序；与此同时，在私下、在朝廷、在各级官府内，不声不响地把一套严酷的刑罚镇压制度建立起来；明里高唱着鲁国儒学的仁义道德，暗里紧箍着秦朝法制的严刑峻法，把两种不同的政治形式捏合起来。

这样一来，社会好像稳定起来了、经济好像发展起来了、文化好像繁荣起来了、国家好像兴旺起来了。但是由于这种政治形式既缺乏人道主义，也缺乏功利主义，一切都被一层虚假的仁义道德好像雾霾一样遮起来，人们过着不见天日的灰暗生活。社会好像稳定而意识却昏迷了，汉代以来有谶纬迷信的长期统治、魏晋以来有佛道迷信的长期统治，宋代以来有理教迷信的长期统治，致使理性精神一直被压抑而抬不起头来。

经济好像发展而制度却僵持了，秦代以来的重农抑商政策、土地兼并政策，历经两千余年都没有多少改变，致使经济发展缓慢，而且屡遭破坏。

文化好像繁荣而方向却消极了，由董仲舒倡导的反对社会进化的思想、由朱熹倡导的反对社会进步的思想，一前一后都曾维持其统治地位千年之久，致使科学技术不可能振兴起来。

国家好像兴旺起来而维持不久，就被饥馑、动乱、分裂和被侵略的灾难拖向衰落，而且总要衰落许多年才能再一次复兴起来。

所以从传统政治思想的角度看来，从人道主义到单一人道主义，到亲亲恩赐主义；从功利主义到单一功利主义，到刑罚镇压主义；从人道主义与功利主义的并行不违，到亲亲恩赐主义与刑罚镇压主义的狼狈为奸，这些政治蜕变的史实，是中国上古时代正确的二元政治思想的迷失，也即易经哲学的正确的二元政治思想的迷失。

这一迷失就迷失了几千年，害得一代代的中国人受尽折磨，这实在可悲极了。

三、人道系列原则与功利系列原则

政治辩证法（二）

人道系列原则：民本原则、福利原则、开放原则、和谐原则。

功利系列原则：法治原则、奖罚原则、改革原则、发展原则。

民本与法治、福利与奖罚、开放与改革、和谐与发展，八项政治原则依次排起来，恰恰形成一个次八卦的图像，对应着次八卦性质的阳端与阴端、阳次与阴次、阳负与阴负、阳极与阴极。

民本与法治形成为政治纲领。

福利与奖罚、开放与改革形成为政治策略。

和谐与发展形成为政治的方向目的。

民本原则

民本是什么，众家说法不一，有些说法是不真实的，有些说法是不深刻的。

真实的说法应该是主仆关系。

深刻的说法应该是正当的合理的主仆关系，也就是主仆二权阴阳并行的性质。

主权的性质是什么？是主人在任用仆人劳动工作中的主导和监督的作用；如仆人不能按照主人的意愿劳动工作，如仆人的作为损害了主家利益，就要管住他们而不能叫他们为所欲为。

私主是这样的，公主也应该是这样的。

如公主能够这样，就是民本政治。

仆权的性质是什么？是仆人在主人的主导和监督下劳动工作；如主人的主导和监督作用是正常的，仆人的劳动工作也就能够是正常的。要点是要主人管住他们；如一旦主人不管了，或者主人管得不严了，他们（其中一部分人）就要想着法儿把主家的财物拿回自己家去。

私仆是这样，公仆未必就好一些。

因为私仆那里总有具体的能做主的主家在管着他们，他们要想拿财物很难，即使这样他们还是想着法儿拿走了。而对于公仆来说有谁管着他们呢？当然有公主管着他们。但是公主能否管住他们呢？是个问题。如有时有公仆而无公主，那问题就更大了。

那问题解决不了，就不是民本政治。

法治原则

溯源而上，我们从久远的法治社会发展而来，商周时代还是法治传统的时代，《礼记》中记载着商代社会“弃灰于道者刑”的史实。你想想看，在街道上抛垃圾也受法律制裁，其他方面如何也就可想而知了。

这叫做以法治民。

就是上层社会行使仆权的表现形式。

同时《书经》中也记载着商代社会早期“伊尹囚禁太甲”的史实。你想想看，太甲作为当时最高领袖犯法了也要进监狱中去服刑，其他方面如何也就可想而知了。

这叫做法上君王。

就是代表下层社会的权威机构行使主权的表现形式。

总的说来叫做民本与法治阴阳并行。

这表现在司法过程中，要有对下层社会的司法权力，也要有对上层社会的司法权力。

噬嗑卦讲法治思想，丰卦讲民本思想。

噬嗑卦和丰卦联结起来，噬嗑卦的性质是“明于上而威动于下”，丰卦的性质是“明于下而威动于上”，恰恰地对应起来。

明于上，明于下，“明”是什么呢？是以法治国。

威动于下，威动于上，“威”是什么呢？是司法权力；动于下，是以法治民；动于上，是法上君王，既已法上君王，整个社会都在法治以内了。

福利原则

从予取关系说起。

什么是予？无非是上层给下层一些好处、一些恩惠，现代人称作福利，《易经》上称之为“益”。

益卦就专讲这方面的道理。

什么是取？无非是上层从下层收取一些钱、一些物，现代人称作税收，《易经》上称之为“损”，就是减少下层收入增加上层收入的意思。

损卦就专讲这方面的道理。

《易经》把损、益二卦排在一起，说明予取关系的内在联系，就是取之于民、用之于民的道理。

取之于民，该取多少呢？

用之于民，该用多少呢？

当然要做得合情合理，能够达到社会合作与发展进步的目的。颐卦的六爻辞是：“由颐，厉吉，利涉大川。”已经译为：“虽然靠民众供养，民众在他引导下百业兴旺。他一再励精图治，与民众有着共同的理想，受民众的信仰，可以远渡重洋。”这样就把予取关系的道理阐述明白了。

取之于民，用之于民，是一对相反相成的道理。

用之于民就是福利原则。

《易经》中关于福利原则的话，大体说来有以下几种说法：

一是“动而免乎险”的说法，认为只有通过有组织、有领导、有纪律的救援活动，才能解决因遭遇灾难而陷入困境的人们。

二是“厚下安宅”的说法，认为只有帮助下层社会的民众解决了生活方面的困难，上层社会的人才能平平安安地生活下去。

三是“裒多益寡称物平施”的说法，认为只有把社会引向共同富裕的道路，才是实行福利原则所要达到的根本目的，才是社会合作能够实现起来的根本方法。

奖罚原则

从是非观念说起。

“是”的观念，在正常的政治领域，乃是能够推动社会发展前进的积极政策和积极的工作人员；在正常的管理领域，乃是能够推动事业发展前进的积极策略和积极的工作人员、劳动人员、服务人员。

“非”的观念与此相反，就是阻碍政治和事业发展前进的消极政策，消极策略，消极的工作人员、劳动人员、服务人员。

所以政治领域的是非观念就是要积极不要消极的意思。

要积极的政策和策略，对于积极推行积极的政策和策略的工作人员来说，就是有功的表现；对于推行过程中积极工作、积极劳动、积极服务的人员来说，也是有功的表现。

有功的就要予以奖励。

对于那些不积极推行积极政策和策略的工作人员来说，对于那些推行消极政策和策略的工作人员来说，对于那些在正常工作过程中表现消极的工作人员、劳动人员、服务人员来说，便自然是少功或无功的表现了。

无功的就要予以处罚。

在《书经》中记载着大舜时代的“考绩黜陟”的一篇道理。是说在国家经济建设中，对所有工作人员，平时记功记过，年终一次核准，有功的就要提升或留用，无功的就要降职或免职，做到是非分明、功过分明、奖罚分明，国家经济建设就会很快地发展进步。

在《书经》中也记载着大禹治水时代的“各迪有功”的一篇道理。是说大禹治水为什么能治成功呢？因为对所有参加治水劳动和工作的人员，每天都要记工，每月都要评功，每次工期完成，每人都有很明确的功绩单作为行赏依据，所以他们的劳动积极性始终一致，而且日益高涨。

为什么要用《书经》和《礼记》中的例证印证易哲学的政治思想呢？因为《书经》和《礼记》同属五经，和《易经》一样都是孔子编修成书的，其政治思想的性质是相通的。

开放原则

我国本来是个具有开放传统的文明古国，这种传统不知持续了多少年了，直到春秋时代，当时的诸侯国家之间，还是一个没有边防、没有关卡、没有国土意识的茫茫世界。

当时的中原大地，与其说是一片陆地，还不如说是一片“陆海”。

那些星罗棋布于“陆海”之中的诸侯城邦，对于天下城邦，无不敞开门户。

那些穿梭奔行于无数城邦之间的商旅的牛马车队、使节的豪华车队、文人学士的轻便车队，都可以自由来往，任意选择他们要去的地方。

与此同时，那时的诸侯城邦也都处在不断的改革过程之中，这其中最著名的当属齐国的改革事业，这是大家很熟悉的历史了。当齐国繁荣富强起来的时候，他们想到的第一件事就是联合国际和平势力，打击国际侵略势力，以保证一个和一开放的世界能够持续地发展下去。

所谓和一开放，是说一个开放的世界应该是和一的。

所谓和一，是说这种开放局面应该是求同存异、和平共处的。不能和平共处就不能相互开放，不能求同存异就不能和平共处。

同人卦专讲这种道理，其卦辞是："同人于野，亨，利涉大川，利君子贞。"已经译为："在广阔的原野上，和一的民族，开放的城邦，这思想无比高尚。这结果会产生巨大力量，所向亨通和畅，利于远渡重洋以经营四面八方，利于人民精神的健旺。"

这把开放的好处说得清清楚楚的了。

其象辞是："天与火，同人，君子以类族辨物。"已经译为："大火熊熊，火之上是辽阔的万里晴空，象征着华夏民族大包容：做事求同存异，待人和而不同，凡事协商一致，争取联合行动。"

这把开放的方法也说得明明白白的了。

改革原则

在《易经》的政治思想中，没有什么比改革更为重要的了，没有什么比改革更被重视的了。因为《易经》哲学的主旨就是发展进化，就是关于发展进化的辩证方法，就是顺应着发展进化的规律前进。

顺应，就是顺动而行。

顺动而行，就是“穷则变、变则通、通则久”的变通精神。

意思是说：“当社会停滞不前的时候就要革新；当革新成功的时候就会发展；当发展持续不断的时候就会繁荣；当繁荣持续不断的时候就会有新的导致停滞不前的因素产生出来。所以易学的变通思想以革新为核心，只有不断的、适时的、适当的革新运动，才能保障繁荣持续不断地发展下去。”

在这地方，我把变译为革新，而没有译为改革，只是因为这里变和通连在一起，就有因改革达到发展的意义。

就是顺动而行的成果。

和谐原则

在《易经》的政治思想中，处处强调着和谐原则。

和谐原则是什么？就是中正。

观卦的彖辞中说：“中正以观天下。”就是要在政治领域重视和谐的意思。

《易传》又把运用中正的过程叫做“得中”，在六十四卦结尾主要讲政治的十卦中连续不断地提到得中，可见得中的道理对于社会政治是多么的重要了。

中是什么？就是并行不违。

正是什么？就是持中守正。

并行不违是个政治路线的问题，是说我们在推行政治的过程中要注意许多相反相成的政策方针，不可只知其一，不知其二，防止因只知其一、不知其二引起的偏失问题。

持中守正是个执行政治路线的问题，是说政治路线是否正确无误，是首先应该注意的问题；执行政治路线的方法是否正确无误，是跟着应该注意的问题。比如我们开着汽车行在公路上，因为公路的宽度是有限度的，我们的汽车就不得偏左偏右、忽左忽右，而要顺沿着正线行进；同时因为公路上车辆来往的限制，因为汽车本身速度功力的限制，汽车应该保持着合理速度，而不能过快过慢、忽快忽慢，否则就会形成灾难性的后果。

恒卦的彖辞中说："恒，久也。刚上而柔下，雷风相与，巽而动，刚柔皆应，恒。"已经译为；"何以恒久运转？在于把关系安排妥善：阴阳的对应，刚柔的交换，上下的顺应，动静的和谐，像天地化生万物一样年年如此，螺旋往复从不间断。"

"刚柔皆应"，就是并行不违的意思。

"巽而动"，就是持中守正的意思。

"刚柔皆应"和"巽而动"联结起来，就是中正和谐的意思。

发展原则

把发展原则排在阴极，说明我们推行政治的目的只是社会的发展，只有社会发展了，我们的政治才算成功了，否则就是失败。

把发展原则从改革原则联结过来，说明我们进行改革的目的也只是社会的发展，只有社会发展了，我们的改革才算成功了，否则也是失败。

社会怎样才算发展了？

这道理在升卦里面。

其爻辞中说："贞吉，升阶。"已经译为："坚持正道，平稳前进，踏着台阶，逐步升级。"

其爻辞中又说："冥升，利于不息之贞。"已经译为："登上高峰望高峰，精疲力竭志未穷。只要善于休整，可以继续攀登。只要继续攀登，可以登上峰顶。"

总的论证起来，就是不断前进、不断上升的意思，也就是既要前进也要上升的意思，也就是在前进中上升也在上升中前进的意思，也就是把前进和上升联结起来。

所谓"升阶"，是个循序渐进的渐进过程。

所谓"冥升"，是个顺以求成的巽进过程。

社会事物的发展都要经过从渐进到巽进两个过程，才能到达成功之路。

政治的发展也是这样。

社会事物的发展是有阶段性的，所谓成功是说一个阶段完成了，一个新的阶段又开始了，不能止步不前，就是"利于不息之贞"的道理。

政治的发展也是这样。

四、政治动力与政治的方向目的

把发展社会生产力看作我们从事政治的方向目的，看作衡量政治是成功还是失败、是正确还是错误、是进步还是落后的标准，这是《易经》政治思想的一大特色，也是现代政治思想的一大特色，而《易经》的政治思想早在几千年前已经确立了。

所以这是我们祖宗的政治思想。

所以把发展社会生产力作为政治的方向目的的道理，这里就无须多说什么。

但是把端正哲学方向作为政治动力的道理，我们的易学界还很生疏，而在《易经》的政治思想中，也早已是个确定了的话题。

哲学方向是什么？

就是从推动社会生产力向前发展的角度来看待一切哲学。

看哪个是能推动社会生产力向前发展的哲学？

看哪个是不能推动社会生产力向前发展的哲学？

看哪个是积极有为的哲学？

看哪个是消极无为的哲学？

积极有为的哲学当然就是推动社会生产力向前发展的哲学，我们要的正是这种哲学；唯有这种哲学才能适应社会，顺应时代，解决现实政治中提出的一切问题，排除社会生产力向前发展中遇到的一切障碍，而且能把人们建设社会的积极性调动起来。

《易传》中说：

“古者包牺氏之王天下也，仰则观象于天，俯则观法于地，观鸟兽之文，与地之宜，近取诸身，远取诸物，于是始作八卦，以通神明之德，以类万物之情。作结绳而为网罟，以佃以渔。包牺氏没，神农氏作，斫木为耜，揉木为耒，耒耨之利，以教天下。日中为市，致天下之民，聚天下之货，交易而退，各得其所。神农氏没，黄帝、尧、舜氏作，通其变，使民不倦；神而化之，使民宜之。易穷则变，变则通，通则久……”

已经译为：

“阴阳进化的哲学道理，在我们古代人的观念活动中酝酿了很多年月，到伏羲氏治理天下的时候，已经粗具轮廓。伏羲氏在此基础上做了系统的研究工作。他常常观测天上的风云变化，同时考察各地的物理情况；他深思着万物生生不息的奥秘，以及人类和万物的共存关系，开始绘制八卦，以总结这些看似神秘实则明白无误的思想，以反映天地万物人类的进化规律；创造了制罟捕兽和织网捕鱼的技术，把社会生产力向前推进了一步。

“到了神农氏治理天下的时候，依据伏羲氏的积极思想，抓住当时社会由渔猎向农耕转化的契机，创造了木耒和木耜，用以翻土播种，叫天下人得到农耕的巨大利益。很快物产丰富起来，他又顺应时势，创设集市贸易，规定日中为市，叫人们把货物带入集市，以货易货，互通有无；当人们回家去的时候，每人都得到了所缺少的东西。

“到了黄帝治理天下的时候人口越来越多了，氏族间的矛盾越来越深了，相互纷争不已，战乱不休，加上周边地带野蛮人的侵扰，社会生产停滞，到了很穷困的地步。正是在这时候，传统的阴阳进化思想适应着这种情况，进一步提高起来。人们已经懂得：当社会停滞不前的时候就要革新，当革新成功的时候就会发展，当发展持续不断的时候就会繁荣，这就是“穷则变，变则通，通则久”的易学原则。在这样的先进思想指引下，他先后再接再厉，克服了重重困难，战胜了莽莽顽敌，统一了中原大地，发展了畜牧业和农耕业，创建了手工业和医药业，把社会生产力又向前推进一步，使民众生活普遍地提高起来。”

这里列举了上古社会生产力的发展情况，都是易哲学积极有为的哲学思想推动社会生产力发展前进的历史过程。

这里很明确地指出，唯有积极有为的哲学思想才能推动社会生产力发展进步。

一个民族、一个国家或一种政治体制，一旦把它们的哲学方向端正了，就会很快发展。更为重要的，是能持续地长久地发展前进。

否则就不能持续地长久地发展前进。

五、理性实用主义和理论实践主义

我们将选择哪一种呢？

当然要选择理性实用主义。

因为理性实用主义是从《易经》全面辩证法中演绎而来，所谓理性实用，正是在全面辩证法的指导下的实用主义，不是理论偏失的实用主义，不是情绪偏激的实用主义，也不是信念偏执的实用主义。

因为理性实用主义也从社会实践过程归纳而来，所谓理性实用，就是把实践和理论联结起来，把实践看作先于理论的东西，要求理论从实践中来；同时把实践看作后于理论的东西，要求理论回到实践中去，顺应着实践过程前进。这就是《易经》的趋时原则。

这些道理在前面都说过了，为什么又要推出来一说再说？这是因为，理性实用主义虽然是个普遍适用的认识方法，但在政治领域的重要性不同寻常。政治领域的错误思想，往往会形成严重后果，殃及国家，甚至全世界许多国家；也可能殃及后代，甚至千秋万代，你想这是多么要紧啊！同时因为政治是个不断实践的过程，我们前面讲到的人道主义与功利主义的并行不违，民本原则与法治原则、福利原则与奖罚原则、开放原则与改革原则、和谐原则与发展原则，这许多并行不违的道理，以及端正哲学方向与发展社会生产力的道理，无不依赖于理性实用主义。在这地方，理性实用主义就如汽车、火车、轮船和飞机一样，要搭乘这些前进，才能达到目的，否则就不能达到目的，我们前面说的统统都是白说了。

在政治领域的理性实用主义，也和其他领域的理性实用主义一样，表现为实事求是和随机应变，也就是趋时和不断趋时的过程。

《易传》中说："不可为典要，唯变所适。"已经译为："为了追捕到时，圣人创立了理性实用主义的推理方法，主张实事求是，反对以成见代替事实、反对以教条代替推理、反对预先拟好结论，让推理弄假成真。一个结论，只要是用实事求是原则推论出来的，推论方法准确无误的，就应该予以承认，不管你原来的想法是什么，目的是什么，应该只承认这个结论，这结论也就是时。人在追捕到时的时候，应该随机应变，也就是紧紧地把握住时。时是瞬息万变的瞬间，不紧紧地把握它怎么行呢？所以时在变，我们的认识也在变；时在变化中向前发展，我们的认识也在变化中向前发展，我们的认识才能保持住实事求是，以立于不败之地。"

前面一段的着重号应该点在"不管你原来的想法是什么，目的是什么"这一句话的下面。

这太重要了，人们不能实事求是地看待问题、研究问题，往往因为他们本来有个想法、有个目的。当事实证明他们的想法是错误的时候，证明他们的目的不能实现的时候，他们不肯罢休，硬要把他们的主观愿望强加到实际头上。他们总是从失败走向失败，只怪他们不明不智罢了。

后面一段的着重号应该点在"时在变化中向前发展，我们的认识也在变化中向前发展”这句话的下面。

我们在从事政治过程中，像在有目的行进过程中一样。虽然我们是有目的的，是选好了目的地的，是选好了行进路线的，但如果情况变了，按原订行进路线前去已经不可能了，将怎么办？比如我们从北京到广州去，原订搭京广铁路南行，比如这时因为某种原因京广铁路不运行了，你是另想办法，或从津浦路经南京转车南行呢？或从天津改乘轮船南行呢？或搭飞机南行呢？或搭汽车南行呢？你总不能死死地守在京广线的某个车站上呀！或者情况变了，我们原计划去广州购买某种电器，现在我们获悉广州并没有这种电器，而这种电器在上海多有的是，这时我们是改变目的地呢？还是不改变目的地呢？是抛开去广州的计划直去上海呢？还是先到广州再去上海呢？还是一定要去广州而且决不到上海去呢？在这时候，什么是理性实用主义，什么不是理性实用主义，我想你一定很明白了。

不是理性实用主义，就是理论实践主义，二者必居其一。

所谓理论实践主义，是把理论和实践割裂开来，认为理论一旦成熟起来，便具有客观真理的性质；从此以后，一百年、一千年、一万年，只剩下实践问题，只是照此办理就行了，谁也不准怀疑、不准非议。

要给这种政治思想方法列出公式来，就是：“［理论］，实践、实践、实践……”

这公式显然是错误的。

但是理论实践主义往往以理性主义的面目出现，声称它的理论是很切合实际的，而且论证得头头是道，描述得天衣无缝，叫我们感到迷惑，又难以确定无疑。

这时我们将怎么办呢？

这时只剩下一个办法，就是实践检验。

所谓实践检验就是理论从实践中来，又回到实践中去，看在实践中反应怎样？是有效还是无效？是有用还是无用？是有好处还是没有好处？是有促进作用还是没有促进作用？是对民众有利还是对民众不利？是对集体有利还是对集体不利？是于长远有利还是于长远不利？是能按计划完成还是不能完成？是能达到目的还是不能达到目的？

总的说来，可以归结为两个问题，看理论对于我们的事业来说是有用还是无用？对于我们的整体利益和长远利益来说是有益还是无益？

如果理论确实对我们的事业有用的，确实对我们的整体利益和长远利益有益的，那就证明了是正确的；否则就是不正确的，就应该予以否定。

我们从事政治到底为了什么呢？

只是为了要国家兴旺起来，要社会生产力发展起来，要人民生活改善起来，绝不是像西方人说的那样，只是要实现某种模式，而不管这种模式能否给我们带来好处。

这个问题前面说过了，再来重复一下。

因为这是一个特大的是非问题，是理性实用主义和理论实践主义的界线。我们切不可越过了这个界线。我们一旦越过了这个界线，就走到失败的路上去了。

卷六

易哲学伦理思想研究提纲

导　读

易哲学伦理思想也从易哲学演绎而来，易哲学是二元进化主义的，它的伦理思想也是二元进化主义的。因为伦理在我们日常生活中处处存在，我们每天都要接触伦理、实践伦理，所以对伦理的理解要容易一些。《易经》伦理和传统的惰性宗教的伦理不同，惰性宗教的伦理是单式伦理，只讲仁爱，不讲竞争，是消极博爱精神；《易经》伦理是复式伦理，主张博爱精神与竞争精神的并行，所以是积极博爱精神。《易经》的伦理思想早于惰性宗教的伦理思想，是我们民族的根本的潜在的精神特质。

一、二元德

竞争精神与博爱精神

为什么叫做二元德呢？

这是因为，《易经》六十四卦，以乾坤二卦为启，也就是以乾坤二元为启，乾元代表着阳性的事物、阳性的作用，在伦理思想方面表现为竞争精神；坤元代表着阴性的事物、阴性的作用，在伦理思想方面表现为博爱精神。

在乾卦中，古代圣人为我们塑造了一个“飞龙在天”的强劲形象，用来象征竞争精神对于社会人生的主导作用。其四爻辞是：“或跃在渊，无咎。”是说龙呀，迎着狂风巨浪前进呀！你要飞上天吗？你要为人呼风唤雨吗？就得不断地锻炼自己，提高自己。这样就把竞争和成功联结起来，阐明了要得成功就得竞争和唯有竞争才会成功的因果关系，排除了侥幸心理，否定了宿命意识。

其五爻辞是：“飞龙在天，利见大人。”是说龙终于飞上天了，终于能够呼风唤雨为天下做贡献了，这成功来之不易，这成功的龙就如人中的“大人”一样。

大人是怎样的人呢？

就是具有竞争精神而且在竞争中有所作为的人。

在坤卦中，古代圣人为我们塑造了一个“牝马行地”的坚实形象，用来象征博爱精神对于社会人生的主成作用。其彖辞中说：“牝马地类，行地无疆，柔顺利贞。”是说牝马（母马）之群的忍耐、坚定、顺从和能够日行千里，只是因为它们有着大地母亲一样的博爱群类的性格特色。

其象辞中说：“地势坤，君子以厚德载物。”德就是爱，厚德就是博爱。在《易经》看来，大地作为阴性乃是最大的一位母亲，万物都在它身上繁衍，而它毫无倦怠地负载着它们，日复一日地、年复一年地负载下去。这也如人中的“大人”一样。

大人是怎样的人呢？

就是具有竞争精神也具有博爱精神而且为着人群需要不断有所作为的人们。

一是竞争精神，一是博爱精神，二者的作用怎样联结起来呢？

竞争精神属于阳性精神，要对阴性博爱精神起到阳性主导的作用，没有这种阳性主导的作用，阴性博爱精神就会方向不明。坤卦的卦辞中说：“君子有攸往，先迷，后得主，利。”已经译为：“牝马顺道远行，前路迷迷蒙蒙，直至找到配偶，才踏上正确途径。”

这就是说，博爱精神依从于竞争精神，只有在竞争精神主导下才能发挥其积极作用。

否则就没有积极作用。

也就是说，竞争精神依托于博爱精神，只有在博爱精神主成下才能发挥其积极作用。

否则也没有积极作用。

二、二元八德

积极进取精神与埋头苦干精神

什么叫积极进取？我还是想拿乾卦的四爻辞加以解释，其爻辞是：“或跃在渊，无咎。”已经译为：“迎着狂风巨澜，在海上飞跃向前。多想飞上天，怕将脊骨跌断。艺不熟兮心不闲，习练，习练，习练……”是说年轻的龙经过一再奋斗，仍然没有达到飞腾起来的目的。到了这步田地，积极进取精神不足者就会知难而退，或去乞求别人，或去乞求神灵，像我们在传统戏曲中常常看到的那种情形。

《易经》的伦理观念建立在主体竞争的基础上，叫人贞强不息，知难而进，发挥自我的主体性能动精神，运用自我不断提高起来的能力，不断地克服困难，争取成功。

什么叫埋头苦干？我想拿坤卦的三爻辞加以解释，其爻辞是："含章可贞；或从王事，无成有终。"已经译为："把才华藏在心底，不肯来去招摇，这样的仆夫多自豪！辅佐王公立下大功劳，把功劳归于集体，把担子继续来挑，不图一时荣耀，求得终有善果。"是说要干出个名堂来，所以只管实干而不肯来去招摇；已经干出名堂来，还要不声不响地实干下去；因为只有这样理想才能实现，目的才能达到，否则所进行的事业就要半途而废了。

人要在世界上干一番事业出来，光靠积极进取是不够用的。你积极进取么，就得参加到一定的竞争机制中去，这里必定还有很多人同你竞争，这就形成阻力；这里必定有很多难题要你解决。这很多阻力，这很多难题，通常都会像山一样地横亘在你的面前，你不埋头苦干，行吗？

在现实生活中，有多少科研人员从科研领域半途而废了？有多少学艺人员从艺术领域半途而废了？有多少经营人员从经济领域半途而废了？有多少创业人员从功业领域半途而废了？有多少社会精英从事业领域半途而废了？

为什么半途而废？就因为精神状态不佳，或有积极进取精神，而无埋头苦干精神；或有埋头苦干精神，而无积极进取精神。

这正如一匹马拉着载有货物的车一样，要快速前进，就是积极进取的象征；要满装满载地前进，就是埋头苦干的象征；在这时候，尽管走得很快而载货很少，或者载货很多而走得很慢，都没有多大意义。

你看这二元伦理的道理多精明、多准确啊！

大无畏精神与顺应精神

什么叫大无畏？就是大事当前、大敌当前、大难当前，即使在危急时刻，即使在生死关头，不要有畏惧情绪。

这不就是英雄好汉吗？正是英雄好汉。

《易经》伦理思想正是英雄好汉的伦理思想，而不是懒汉懦夫的伦理思想。

震卦讲大无畏精神，其卦辞中说："震来虩虩，笑言哑哑；震惊百里，不丧匕鬯。"已经译为："当闪电划破夜空，震得山摇地动，强大的威势令天地战战兢兢。大丈夫却显得非常镇定，照样地谈笑风生。弥天巨吼百里内外轰隆隆，闪电的火舌自天而下，殛毙着生灵性命。大丈夫依旧饮酒论事，杯儿在手中纹丝未动。"

请想一想洪荒时代的疾雷猛电多么可怕，请想一想那时人的科学常识多么贫乏，请想一想这个大丈夫的不怕天、不怕地、不信鬼、不信邪的勇气吧。这就是大无畏的象征。

什么叫顺应？就是顺天应人，顺天就是顺应着事物发展运动的规律；应人就是依从着社会实际；顺天应人就是运用人的聪明智慧来正确无误地认识时势。

顺天应人思想在《易经》的每卦中都有表现，在随卦、蹇卦、升卦、巽卦中表现尤多：随卦叫我们顺应着时代前进；蹇卦叫我们顺应着形势前进；升卦叫我们顺应着规律精神前进；巽卦作为本卦，叫我们顺应着综合的现实的情况前进。

总之叫我们大事当前、大敌当前、大难当前的时候，不仅要镇定自若，毫无畏惧，而且要抓紧时机，想出办法；不然的话，光是大无畏，即使大大的无畏也是无济于事的。

这正如毛泽东一再说的，要在战略上藐视敌人、藐视困难；要在战术上重视敌人、重视困难。这些道理我们现在的人是很熟悉了。

但熟悉了是一回事，力行起来是另一回事，要真正做到既能无畏又能顺应的程度，实在说来乃是非常不易的事情。我们常常见到的是，许多具有无畏精神的人往往盲目蛮干，不计后果；许多具有顺应精神的人往往胆小怕事，平时说得头头是道，遇事急得昏头昏脑，要干成一番事业，就没有可能性了。

冒险精神与尽美精神

我们所谓冒险是和建功立业连在一起的，是和理性实用主义连在一起的，是有正确方向的，是有正当目的的，是有明确认识的；不是意气用事，不是铤而走险，不是为冒险而冒险。

为什么要冒险？要回答这个问题，需要再提出一个问题，为什么要建功立业？我们都很明白，建功立业乃是人们生活中一项大事，人要发达起来，社会要发达起来，都要有所创建、有所获取、有所进步、有所成功；而创建、获取、进步、成功来之不易，来之不易就需要冒险追求，这是无可回避的规律精神。

易经时代是个重商重利的时代，重商重利就有竞争，竞争就有冒险，冒险就有成功和牺牲的两种可能性。所以《易经》推崇英雄主义。

坎卦讲冒险精神，卦中为我们塑造了一个历经沼泽、泥地、陷阱、堑谷、荒野、棘林，受尽饥饿折磨，履尽艰难险阻的前进者的形象。其卦辞中说："习坎，有孚，维心亨，行有尚。"已经译为："前进的路上满是危险，唯有勇士们才肯勇往直前；唯有勇往直前，不断地克服困难，他们的理想才能实现。"

在坎卦中，那个不断克服艰难险阻前进的人为什么能够成功？回答这个问题就引出尽美精神来了。

尽美精神是什么？是说要做到尽善尽美。

离卦作为本卦，其象辞是："明两作，离，大人以继明照于四方。""继明"二字，本是明而又明、明上加明的意思，引申起来，就是尽善尽美。

归根结底，那个在无比艰难险阻的路上冒险前进的人为什么成功了呢？就因为他掌握了克服艰难险阻的种种方法，而且做到尽善尽美的缘故，否则就不能持续前进，要达到目的地就更加不可能了。

求成精神与求乐精神

求成精神就是艮道精神。

艮象征着山，艮道求成也就像人们登山一样，登上一个高度，还有新的高度，要不断地攀登，才能翻越过去。所以艮卦被认为是个关节，是求成过程的终结，也是新的求成过程的开端。

《易传》中说“艮以止之”，又说“终万物始万物者莫盛乎艮”，都是说这种道理。

屯卦、升卦、旅卦、既济卦都讲求成精神。屯卦是讲新生事物在成长中只可固本强根不可急于求成的道理；升卦是讲事物在发展中不断前进不断上升的道理；旅卦是讲求成过程中怎样排除干扰破坏争取按计划完成任务的道理；既济卦是讲成功以后应该持中守正的道理。明白了这些道理，就把握住了求成精神的根本，就引出求乐精神来了。

求乐就是求得满足，求得幸福。

我们追求成功并非为成功而成功，而是为了能过好生活，满足欲望。这欲望自然包括着物质生活与精神生活两个方面，也自然包括着个人幸福与群体幸福两个方面，也自然包括着眼前利益与长远利益两个方面。

兑卦作为本卦，专讲求乐精神，其卦辞是：“兑、亨、利贞。”已经译为：“欢乐来自成功，使成功的事业持续运行。”

这样就把求乐提到社会伦理的高度，叫我们把求乐与求成联结起来，因成功得到幸福，因幸福的需要不断地追求成功。

阳性系列精神与阴性系列精神

阳性系列精神以积极进取精神为启，以求成精神为结，说明我们积极进取、我们大无畏、我们冒险，无非为了成功；也说明我们要得成功，就须冒险、就须大无畏、就须积极进取。

阴性系列精神以埋头苦干精神为启，以求乐精神为结，说明我们要求得幸福，就须尽善尽美，就须顺天应人，就须埋头苦干；

也只有埋头苦干，只有顺天应人，只有尽善尽美，才能求得幸福。

这样说来，积极进取精神、埋头苦干精神、大无畏精神、顺应精神、冒险精神、尽美精神、求成精神、求乐精神，这样八类精神，就以积极进取精神为推动力量，没有积极进取精神，什么成功呀、幸福呀，都是空口白说；同时都以求乐精神为方向目的，离开这个方向目的，什么积极进取呀、埋头苦干呀，都是蛮干瞎干。这正如政治原则一样，也形成阳端阴极。

我们千万不可忽略了阳端阴极。

我们的伦理关系千头万绪也罢，千变万化也罢，都要紧紧抓住积极进取精神这个头、这个纲、这个准绳；切合积极进取精神的伦理思想才是正确的伦理思想，否则就是错误的伦理思想。

同时都要紧紧抓住一切为了得到幸福的方向目的，一切能给我们带来幸福的伦理思想，才是正确的伦理思想；一切给我们带来不幸的伦理思想，都是错误的伦理思想。

建功立业精神

这是《易经》伦理思想的阳端。

在六十四卦各类辞句中，功字满篇，利字满篇，往字满篇；这种情况前面已经说过了，如“利涉大川”“利有攸往”“往有功也”，等等，都是叫人建功立业的意思。

为谁建功立业呢？

《易经》最是看重为群体、为社会建功立业，把这样的人拟作龙，而备受推崇。

乾卦的五爻辞是：“飞龙在天。”飞龙在天，是《易经》中至为高大的形象。飞龙为什么要在天呢？是要呼风唤雨。为什么要呼风唤雨？是为天下万物和人类生生不息。

这就要求我们把为群体、为社会建功立业的事业，作为我们人生的核心事业。

所以建功立业就是要我们努力学习、努力工作，发挥自我的聪明才智，力争为群体、为社会有所贡献。

这就不同于极端英雄主义的建功立业。

也不同于极端享乐主义的建功立业。

也不同于极端名利主义的建功立业。

也不同于现代西方社会的极端个人主义的建功立业。

也不同于他们的极端国家主义和极端民族主义的建功立业。

同苦共乐精神

这是《易经》伦理思想的阴极。

《易经》的伦理思想，把同苦共乐作为社会的方向目的。

是谁与谁同苦共乐呢？是王公与庶民、是官员与百姓、是管理者与劳动者、是经营阶级与生产阶级、是富裕的人们与贫穷的人们。

社会分为上下两层，同苦共乐就只能是上下两层的同苦共乐。

这怎么有可能呢？

我国自从有了文字记载的历史，记载下来的多是上层压迫下层和下层反抗上层的情况，能够上下同苦的事有时还有一些，能够上下共乐的事实在少的。

不过仔细考察起来，这种情况都与社会发展处在反动时期或滞塞拖延时期有关。处在反动时期，下层的正当权益都被上层剥夺了。处在滞塞拖延时期，下层与上层利益就不一致了。像我国秦汉以来长达两千余年的历史过程，上层的政治观念总是怎样来压迫下层，下层的政治观念总是怎样来抵抗上层，要它们同苦共乐就不可能。

所以上下同苦共乐的条件，就是社会顺动而行，也就是社会正常发展的性质。

豫卦讲同苦共乐精神，其彖辞中说：“圣人以顺动，故刑罚清而民服，豫之时义大矣哉！”已经译为：“圣人以顺动治理民众，使国事顺畅融通，使民心活泼好动，上下都高兴，歌舞升平，刑罚不用。”

同时要把同苦共乐思想树立起来，并坚持推行下去，使其成为一种自觉履行的伦理准则。

兑卦讲同苦共乐的社会作用，其彖辞中说：“悦以先民，民忘其劳；悦以犯难，民忘其死。”已经译为：“下顺民心同苦共乐，民心奋发不怕劳役多；王公与民众同苦共乐，民众为王公赴汤蹈火。”

你说这毕竟是上层利用下层呀！

其实这也是下层利用上层。

社会被分为上下两层，正是要互为利用。能够互为利用，才算走到正确无误的路上来了。

三、八大伦理关系

夫妻男女关系

夫妻男女关系以夫妻关系为重心，夫妻关系理顺了，一般男女间的关系也就跟着理顺了。

夫妻之间的伦理关系，主要表现在家庭生活的分工分权方面。家人卦就讲这些道理，其象辞是：“家人，女正位乎内，男正位乎外，男女正，天地之大义也。”是说女人在家庭关系中处在做仆者的地位。我们不可轻视做仆者的地位，在政权结构中做仆就是政府总理的意思，在企业结构中做仆就是企业经理的意思，现在的人谁不想当总理呢？谁不想当经理呢？

由女人主内做仆，做仆是一切吗？

不是，做仆之上还有做主。

其五爻辞是：“王假有家，勿恤，吉。”已经译为：“家主行为高尚，为全家树立榜样，带领全家农工商旅工作忙，全家人相亲相爱相扶帮，谁也无忧伤，皆大吉祥。”这正是男性在家庭关系中应该具有的做主作用。没有男性的做主作用，女性的做仆作用就会失控。试想一想，有多少缺乏伟丈夫的女人能够把家庭的生产生活内务外务做得头头是道呢？当然是有的，不过是很少的，我们不能以很少例子来遮盖全局。我们讲伦理，就是讲全局的具有普遍意义的道理，这一点我们要牢牢地记在心中，不然我们一开口就会被人家顶了回来。

其次表现在婚姻和爱情的是非纠纷方面。

在《易经》卦爻辞中，有多处关于恋爱结婚的描述，认为婚姻关系虽然要以爱情为基础，但在实际上呢，能够如愿以偿终成眷属者实在很少，这在现代社会中还是这样。所以《易经》主张恋爱结婚，同时反对爱情至上主义，认为婚姻高于爱情，道义高于平等，贞操高于自由。

这些道理，总的说来是为了稳定夫妻关系。夫妻关系稳定了，父母和儿女的关系、兄弟姐妹的关系也就稳定了，家庭作为生活和教育儿女的单位也就稳定了。

这利于社会发展，也利于人生事业。

因为夫妻关系不仅是两性关系，也是共同事业的关系，也是双方人权荣辱的关系，也是关系着整个社会伦理能否持续推行的大是大非问题。事实一再证明，在夫妻关系中不够真诚的人们，也是在社会关系中不够真诚的人们，而真诚乃是人们为善为恶的一个界限。人们只要越过了这个界限，就会无恶不作。

所以真诚作为夫妻关系的准则，也作为一切社会关系的准则。

如果缺乏真诚，大家都相互欺骗起来，整个社会就要乱套了，整个社会的建设事业也就不可能向前进了。

父子老幼关系

这是互爱关系，是双方都把爱施与对方，而不是一方的爱；既是双方的爱，因为双方所处地位的不同，爱的性质和形式也会不同。

父母对于儿女的爱，主要表现为养育他们、教育他们，促使他们顺利地成长起来；并且保护他们、监督他们，促使他们健康地成长起来，成为真正意义的人；并且制约他们、诱导他们在适当的时候就学、就业、婚配，等等，作为父母就算把心尽到了。

这就是父母之心。

父母对于儿女的爱一般会达到无私无求的高度，这是人类以及动物世界同样具有的爱心，所以是自然具有的爱心。

在这方面，存在着父爱母爱之别，父爱表现为种种责任，所以是阳刚的爱；母爱表现为种种义务，所以是阴柔的爱。所以父爱母爱实为相辅相成，相得益彰，实在说来，实无差等之分，也无深浅之分，是儿女成长过程中不可或缺的两类精神之源，父爱主要是竞争和积极进取精神之源，母爱主要是博爱和埋头苦干精神之源。我们不可只知其一，不知其二，那对儿女成长教育是很不利的，现代人总在歌颂母爱，贬低父爱，这样下去，人们的精神就不会健旺起来。

儿女对于父母的爱，在他们尚未成年的时候是很深的，是有依赖性的。随着年龄增长，依赖性逐渐减弱，爱也逐渐减弱了；当他们结了婚生了儿女以后，便转为对于儿女的无私无求的爱，把对于父母的爱推到次要的地方去了。

这就是儿女之心。

这实则也是一种合规律的事情，因为社会总是要向前进的，晚辈总是要代替长辈来主持这个社会；所以淡化了对于父母的爱，也是顺天应人的自然情结，作为父母不可苛求儿女，作为儿女也就不必过于自责了。

但作为儿女，对于父母负有爱的责任、保护的责任、养老送终的责任，叫父母在有生之年保持对于他们的爱的权利；如果尽不到这些责任，叫父母失去爱的权利，也就是说叫父母反而恨起他们来，就是不孝。家人卦的彖辞中说，“父父，子子”，父父，是说父母要尽到父母的责任；子子，是说儿女要尽到儿女的责任，双方都有责任，能够尽到责任也就很好了。

对于整个社会说来，长辈和晚辈之间的伦理关系，和这有着什么联系呢？

家庭是社会的无数细胞，社会是无数家庭的综合，是个很大的家庭体系。作为长辈就如全部晚辈的父母一样，理应负起对于晚辈抚养、教育、保护和促使他们顺利地健康地成长起来的巨大责任。每个社会成员，都应该像爱着儿女一样爱着年轻一代。当然这种爱、这种责任，是由全社会进行的一种事业，是一种集体完成的事业。

作为晚辈就如全部长辈的儿女一样，理应负起对于长辈尊敬、爱戴、保护的责任，叫年长一代不失去对于晚辈的爱。因为作为长辈也同作为父母一样，有着爱晚辈的权利，我们不可剥夺长辈的这种权利。否则对于晚辈来说，会是一种悲剧，深受其害的还是后来的人们。

兄弟朋友关系

家庭伦理中包容着三层关系：夫妻关系、父母儿女关系和兄弟姐妹关系；而到兄弟姐妹这层次，因为男婚女嫁，就开始重新组合，进而形成家族和亲族。

《易经》伦理只说到“兄兄，弟弟”为止，可见在上古社会，家族等等、亲族等等，都算作朋友关系，和并无血缘关系的朋友们排在一起。这恰与我们现代人的家族和亲族观念相合。现代人已经把家族和亲族观念淡化到朋友地位，这是个很大的伦理进步，叫人们扩大眼界，把家庭直接与社会联结起来，直接与民族和国家联结起来。

虽然这样，兄弟姐妹的关系、朋友的关系，永远废弃不得。因为作为个体人来到世上，不仅需要爱，更需要具体的爱；不仅需要合作，更需要直接的合作伙伴。

当人尚未成年的时候，兄弟姐妹当是天然的合作伙伴，兄弟姐妹以亲情为纽带团结一起，具有很牢固的性质。

在人成年过程中，及成年以后工作过程中，会跟许多人发生联系，其中能够合作者便相互成为朋友。

这样说来，无论兄弟姐妹，无论朋友，都是作为合作伙伴一起生活一起奋斗的人们。所不同的地方，兄弟姐妹是长久的朋友，而朋友是暂时的兄弟姐妹。

当朋友关系融洽的时候，和兄弟姐妹没有什么不同。

但朋友关系说到底不过朋友关系，是由一定的利害关系把他们联结起来，一旦利害关系没有了，朋友就要分手，也应该就此分手，去结交新的朋友；不可像兄弟姐妹一样纠缠不休。

所以《易经》不提倡结义关系。

我们一代代的文艺作品中极力推崇着结义关系，把桃园结义精神和水浒结义精神吹上了天，其实那不过是帮派和盗贼精神罢了。

主仆上下关系

对应着巽卦，道理也就在巽卦里面。

道理是什么？就是和顺，和是无矛盾的意思，顺是无障碍的意思。

主方与仆方之间、上级与下级之间，怎能无矛盾无障碍呢？

这就需要伦理的力量来做好疏通工作。

所以《易经》的伦理观念不仅是合规律的道理，也是合需要的道理；不仅是此方需要的道理，也是彼方需要的道理，是主仆双方都需要的道理，是上下双方都需要的道理。

《易经》的伦理观念建立在“父父、子子、夫夫、妇妇”基础上，说到主仆上下关系，就是主主、仆仆、上上、下下。

主方作为主导者和制约者有主导和制约的权利。

仆方作为主成者和治理者有主成和治理的权利。

上级作为领导者和发号施令者有领导和发号施令的权利。

下级作为负责者和执行者有负责和执行的权利。

有了权利也就有了责任感，有了责任感也就有了自觉意识。

这些伦理关系理顺了，达到自觉理顺的程度，我们的政治工作、管理工作，就会顺顺利利地发展前进，主仆上下才能顺顺利利地合作下去。

社会组织关系

社会组织关系是个很古老的社会关系了。

我们这个民族，我们这个国家，都是通过社会组织关系发展起来的。

只要有着重要的组织目的、正义的组织性质，组织就会给人们带来好处。

集体主义精神就这样形成起来，集体事业前进了，人们也就前进了；集体事业成功了，人们也就成功了。

这也是社会合作的表现形式，人们团结合作起来，追求更大的竞争目标；如不能团结合作，就会蒙受损失。

这也是人们追求自由的表现形式。

涣卦是讲自由的，其卦辞是：“涣，亨，王假有庙，利涉大川，利贞。”已经译为：“自由给社会带来亨通。自由的观念来自神灵。君王以神道感化百姓。一致的信仰是自由的保证，一致的事业给自由以规定。风雨同舟共济，远渡重洋成大功。”

其象辞是：“风行水上，涣。”是说集体主义和追求自由的精神结合起来，就如风行水上一样。

在这地方，水就如集体主义，风就如追求自由的精神，我们的事业就如远航的船。

这顺风远航的情景，就把我们带入日行万里的境界。

没有集体主义，我们怎能达到这个境界呢？

国家民族关系

爱国主义也是一个很古老的伦理观念了。

中国人千年万载，总热爱自己国家；中国人走遍世界，总想着祖国人民，总不想抛弃自己祖宗的传统精神。

这是为什么呢？

其一，是因为我们祖宗的传统精神，确实有着无与伦比的博大精深的特质。

其二，是因为我们祖宗的爱国精神总是和人道博爱精神联结起来。我们的上古社会是个城邦林立的世界，由于总以联盟共主为核心，所以感情上融为一起，国家观念也就超越城邦，具有世界大同的性质；一般民众也好，工匠艺人也好，知识精英也好，总能走遍天下，到处为家，不像西方古代那样被民族的狭隘性隔绝起来。

其三，是因为我们一直作为一个统一的族类发展下来。

其四，是因为我国古代文明对世界文明的推动作用。

其五，是因为我国现代文明对世界文明的推动作用。

在以上背景前面，我们怎能对我们的国家民族不热爱不崇敬呢？

社会人生关系

这是一个为谁服务的问题。为谁服务呢？为民众服务。这道理集中体现在井卦里面，只要你把井卦理解明白了，把服务的道理也就理解明白了。

谁来服务呢？“我”来服务。

这我，并非我一个人，而是所有作为个体人的人们，所以是许许多多个我，千千万万个我。

这我，是自觉自愿的伟大形象，一切以我为动力，为民众服务是我的人生目的。

怎样服务呢？在井卦的卦爻辞中，这我作为服务的主体又和服务的手段同一起来，就是井的形象和精神。

试想一想上古社会北方干旱原野上的情景吧。

试想一想那时在原野上来来往往的牛马车队吧。

试想一想烈日炎炎渴得喉咙冒烟的行人吧。

在这样的情况下，在人们来往的路边，一口泛着清清泉水的井，其服务的性质多么确切，其贡献的意义多么的积极肯定！

井卦的卦辞是：“井，改邑不改井，无丧无得，往来井井。”已经译为：“永远置身土中，泉脉在它的心底喷涌。汲之汲不尽，聚之聚不盈，南来北往谁不来向它求情。”

这就是说，要我们像井一样把根儿扎在民众之中，并且像井一样对民众长期有用。

社会人心关系

这是一个自我修养的问题。

因为我们前面讲了夫妻男女关系中的真诚准则、父子老幼关系中的互爱准则、兄弟朋友关系中的互助准则、主仆上下关系中的和顺准则、社会组织关系中的集体主义准则、国家民族关系中的爱国主义准则、社会人生关系中的服务准则。这些伦理准则，怎样才能在人心中融会贯通起来呢？

这就要求从事自我修养的人们，对各类伦理关系、对各类伦理关系的各个方面、对各类伦理准则、对与各类伦理准则相关的人们，存有真诚之心。

一切伦理准则都以真诚为动力，没有真诚之心，什么伦理准则也都难起作用的。试想想看，那个缺乏真诚之心的人能做出好事来呢？

这就要求从事自我修养的人们，不仅要存有真诚之心，还要具有达到真诚的修养方法。

兑卦是讲这种修养方法的，其四爻辞是："商兑未宁，介疾有喜。"已经译为："前有贤人招引，后有奸人诱惑，向前向后心中犯呻吟。终于拿定主意，和奸人断绝关系，人得贤人鱼得水，才能前进不疑。"

这里所谓贤人，所谓奸人，实际说来正是两类人格倾向的意思；正如西方宗教中的神仙和魔鬼一样，他们总是共处在人们的心灵之中，神仙教人向善，魔鬼教人作恶；每时每刻，神仙和魔鬼都同时向你做思想工作，就看你信从谁了。

这样说来，人的修养方法就是要信从神仙、排斥魔鬼，也就归结为改过日新。

怎样改过日新？

儒学主张内省功夫，就是闭门思过。

这能否收到效果？

当然能收到一些效果，但不能达到日新。因为日新乃是不断地有所觉悟有所进步的意思，而闭门思过者往往执迷不悟。

人有什么错误，有什么不足之处，要得明白过来，决非单凭头脑苦苦地想得出来。

这就要求我们到实践中去，通过实践求得；要求我们到群众中去，通过群众求得。

从实践中来，到实践中去的方法，从群众中来，到群众中去的方法，才是修养日新的正确方法。

四、法律保障问题

伦理和法律不同，法律以强制推行为原则，伦理以自觉履行为原则。

伦理以自觉履行为原则，这只是问题的一个方面；还有另外一个方面，就是这自觉履行须是全社会共同确认的道理，如果有人不能确认呢？比如排队购票是我们社会确认的伦理准则，大家都在排队，购票顺利进行，这时往往闯来一个蛮狗子，横冲直撞地向前挤去，硬是要站在前面；这样一来排队的观念就会动摇，购票的秩序就会紊乱。这时如果有个正在值勤的警察在那里，蛮狗子也就不敢捣乱；如果捣乱会被强制推开，叫他排到本该排到的顺序中去。

在这地方，这警察的强制作用正是我们要讲的法律保障问题。

社会是个群体，免不了鱼龙混杂，有些人伦理操守之高像高山峻岭一样，像高耸入云的峰顶一样；有些人伦理操守之低像低谷阴沟一样，像又脏又臭的污水渠道一样，这样两类人怎能和平共处于一个社会之中？这就需要运用法律的强制作用，为我们的伦理操守定出最低标准，即伦理的下限，越过这个下限，也就与我们不属同类，成为法律要制裁的一类了。

如夫妻男女的伦理关系，以真诚作为准则，这真诚的标准是什么？无非要确定一个下限。现代国家是以性自主作为下限，所以性骚扰构成犯罪。这样一来社会也就安定了，男男女女，来来往往地相安无事，便为正当的爱情和婚姻提供条件，使因爱情而结合的婚姻成为可能。

但是因爱情而结合的婚姻从古到今能有多少呢？即使如现代这样婚姻自由的社会，即使如西方爱情至上的社会，所谓爱情一般也只是说说而已，有情者未必能结合起来，结合起来者未必有情。这样一来，夫妻的伦理关系再以性自主作为下限就很荒谬了。

这下限应是什么？在《易经》伦理中就是贞操；夫妻关系中相互占有的性质，家庭关系中相依为命的性质，都要以贞操作为保障。否则真诚的思想就会消失，虚伪的思想就会蔓延。

我们千万不可轻视夫妻伦理关系，因为这是一切伦理关系的基础。

我们千万不可轻视夫妻关系的伦理准则，因为这是一切伦理准则的基础。

不幸现代国家都轻视这一伦理关系，都轻视这一伦理准则，国家没有法律保障，伦理没有下限保障，伦理下滑的现象也就不能制止。

这一下滑便又带动着全部伦理的下滑，整个社会伦理都要崩溃了。

再如父子老幼的伦理关系。孝敬父母是我国的传统美德，过去历史上把孝道推崇过高，现在已从过高处降了下来，降到适可而止的高度，仍然作为现代伦理中一个大节，孝敬父母者仍然受人敬佩，孝敬父母者仍然很多。但也有些人不肯孝敬父母，甚至不肯赡养父母。这赡养父母就到了伦理下限，就要法律出面说话了，否则我们孝敬父母的伦理就会下滑。

儿女对于父母以赡养作为下限，父母对于儿女呢，也该有个下限，这下限就是抚养。生下儿女来不予抚养者不仅要受到舆论谴责，也要受到法律制裁，否则这伦理也会下滑，看看西方社会中弃儿弃女形成的社会问题，我们就会明白这下滑的后果是多么的可怕了。

再如兄弟姐妹和朋友的伦理关系，虽然以互助作为准则，如果不能互助呢？只要互不侵害，也就不构成犯罪行为，所以是以互不侵害为下限。兄弟姐妹之间，往往因为财产纠纷闹起来，闹得天翻地覆，双方都以侵害对方为目的，不达目的决不罢休，这样影响所及，社会关系中间也就没有多少互助精神可言了。

再如主仆上下的伦理关系，以和顺作为准则，就是人格上相互尊重，工作上尽职尽责；主方有主方职责，仆方有仆方职责，上级有上级职责，下级有下级职责；相互尽职尽责，才能达到和顺。所以尽职尽责即构成这里的伦理下限，越过这个下限，国家的行政处罚法、企业的管理处罚法便出来发挥作用。

我们千万不可忽视主仆上下的伦理关系。因为主仆上下的伦理关系是个人与集体间的中介、是民众与国家间的中介、是家庭与社会间的中介、是文化与政治间的中介、是上层社会与下层社会间的中介。作为中介就如市场买卖中的中介一样，不能尽职尽责怎能把事办好呢？

我们千万不可忽视了主仆上下伦理关系中这个下限。没有这个下限，大家稀里糊涂起来，消极怠工的事、偷工减料的事、贪污盗窃的事、结派成帮的事、横行霸道的事，这一切坏事就很快泛滥成灾，整个社会都要走下坡路了。

再如社会组织的伦理关系，以集体主义为准则，以不损害集体利益为下限。否则集体的纪律就会涣散，集体事业也就没有希望了。

再如国家民族的伦理关系，以爱国主义为准则，以守法、纳税和参加各类爱国活动为下限。否则爱国精神就会失落。

再如社会人生的伦理关系，以服务作为准则。但服务者还要生活，还要发展他们的服务事业，所以服务须以做好本职工作为下限；否则服务精神也会失落。

再如社会人心的伦理关系，以日新作为准则。但日新依赖真诚，如以上论述，真诚精神在社会上越来越少了，日新就没了动力；大家都不肯承认错误，日新就没有可能。

但我们对于不肯承认错误的人又有什么办法呢？

在没有触犯法律以前，我们拿他们无能为力。所以是否触犯法律，恰是这里的伦理下限，他们终于越不过这个下限，到了这个下限，就只得回过头来，考虑重新做人了。

五、文学导向问题

伦理和文学不同，伦理的特性是身体力行，文学的特性是渲染彰扬。

因为伦理的身体力行，并非某一个人在身体力行，也非某一些人在身体力行，而是全社会在身体力行，人人在身体力行，这样就存在着一个相互影响的问题。

每一个人都要睁开眼睛来左右看齐，同时左右的人们也都睁开眼睛向他看齐。

我们千万别小看了这种看齐，唯有这种看齐才是伦理能够推行起来、提高起来的浮力。鱼儿为什么能游到水面上来？就因为水在浮着它们。鸟儿为什么能飞上天空？就因为空气在浮着它们。离开水鱼儿便不能游动。离开空气鸟儿便不能飞行。人际关系中相互看齐的力量也是这样，离开相互看齐，什么伦理也都难以提高了。

所谓看齐，并非向坏人坏事看齐，而是向好人好事看齐，这就需要文学语言的渲染作用；并非向某一个人看齐，而是向所有的人看齐，这就需要文学形象的的彰扬作用。

这就是文学需要源于生活、高于生活的道理。

这就是从社会生活中选取题材，并且把题材提炼起来，塑造为各类形象，有正面形象、有反面形象、有英杰形象、有平凡形象、有主角形象、有配角形象，合起来构成为艺术形象的世界。在这世界里面活动着的人们，有可以作为我们表率的人，有可以作为我们爱慕的人，有可以作为我们同情的人，有可以作为我们憎恶的人，把这些人的所作所为合起来，就形成伦理倾向。

如果这种伦理倾向是向前向上的，人们的伦理观念会跟着向前向上，就是文学应有的积极导向作用。

也就是通过积极的文学形象的诱导作用，把社会伦理提高起来，达到一个适可而止的高度。如以“飞龙在天”的形象为例，达到为人呼风唤雨的高度也就适可而止了；再向上去就成为“亢龙有悔”，看来更高一些，而脱离了实际，就不能呼风唤雨，也就没有伦理价值了。

如夫妻男女的伦理关系，世界公认是以爱作为上限，爱须是真诚的爱，还须是合理合法的爱。《易经》讲到爱情，总强调合理合法，不提倡爱情至上主义，不像西方社会那样动不动就走极端。

提倡爱情，就让爱情来冲击婚姻关系，来破坏家庭关系。这样就为坏人和富人阶层的反伦理大开方便之门，对于普通民众来说，对于妇女儿童来说，总带来不幸后果。

提倡性自主，就让自主到荒淫程度，使自主变为无主，就在伦理观念方面把人类拉回野蛮时代。对人类的健康成长来说，对社会的发展进步来说，总带来不幸后果。

提倡性自由，就让自由到同性恋中。这实在是无耻的，而他们却把这大讲特讲，大书特书，而且大言不惭地向世界各地推广，也向我们推广。如果任其推广，这种反伦理就会像艾滋病毒一样传染。这不仅会损害夫妻男女关系，也会损害朋友关系，因为同性恋盛行起来，朋友关系就会被人误解，朋友之间也就难以亲密来往了。

某些西方国家的情况就是这样。

我国某些盛行同性恋地区的情况也是这样。

再如父子老幼的伦理关系，父母对于儿女是以望子成龙为上限，就是要把儿女培养成为强于自己一代的人，才达到心满意足；

儿女对于父母是以光宗耀祖为上限，就是争取自己一代的成就超越祖先。父母对于儿女不可超越望子成龙的这个上限，儿女对于父母也不可超越光宗耀祖的这个上限，否则都会适得其反。

再如兄弟朋友的伦理关系，以互助合作为上限，越过这个上限会成为狼狈为奸。

再如主仆上下的伦理关系，以团结合作建功立业为上限，越过这个上限也会成为狼狈为奸。

再如社会组织的伦理关系，以能为集体事业的需要贡献牺牲为上限。

再如国家民族的伦理关系，以能为国家民族事业的需要贡献牺牲为上限。

再如社会人生的伦理关系，以能为民众生活和事业的需要贡献牺牲为上限。

社会组织的伦理关系以集体主义为准则。国家民族的伦理关系以爱国主义为准则。社会人生的伦理关系以为民众服务为准则，为民众服务属于社会主义伦理。

集体主义、爱国主义、社会主义，构成一个社会关系的伦理范畴，总的是以贡献牺牲精神为上限。

真诚、互爱、互助、和顺，构成一个人际关系的伦理范畴，总的是以爱为上限。

这样说来，爱和贡献牺牲精神就成为社会人心关系的伦理上限，也就成为文学创作的最高原则。没有爱和贡献牺牲精神，文学趣味就很难形成起来，文学形象就很难提高起来，文学对伦理的积极导向作用就很难以实现了。

卷七

易哲学在我国六次思想解放运动中的作用

导　读

我用易哲学的方法对中国封建社会思想史全面审视，说明易哲学从春秋战国时代以来怎样传承、怎样沉没和复兴的长期的历史过程。易哲学一再沉没，形成我国封建社会历史上六次最黑暗的时代；易哲学一再复兴，形成我国封建社会历史上六次思想解放运动，六次思想解放运动是我国封建社会历史上六大奇观。易哲学一再复兴，这说明了什么道理呢？说明易哲学的基本精神是我们民族的最为根本的思想意识。易哲学一再沉没，这说明了什么道理呢？说明和易哲学同时存在的种种消极哲学作为我国封建社会历史上的反动哲学，总居于统治地位；易哲学作为抗争一方，总是代表着新社会萌芽日益发展中的利益。明白了这一道理，对于六次思想解放运动的失败和成功的历史也就容易理解了。

易哲学在第一次思想解放运动中的作用

（春秋战国时代）

春秋时代易学已经沉没了，道学反而兴盛起来，几乎传播到华夏四方，尤以华夏中心地带为甚。易学为什么沉没了呢？道学为什么兴盛了呢？这是一个相当烦难的历史课题，待博古学者探讨为宜，我这里不多说了。

道学也即道家学派，是个反易学的哲学思想，和易学一起从古代流传下来。

在哲学本体论方面，道学是唯物论的。在辩证法方面，推崇相反相成和交替交生，也即易学的二反律和二替律的规律精神，而不承认二元律和二极律的规律精神，因而形成为循环论；认为从自然界到人类社会，事物的发展变化表现为周而复始，而不会有所进步。在政治思想方面，主张无为而治。在思想作风方面，主张超越人群的爱和恨的感情之上，作为冷眼旁观者和社会拉开距离，达到明哲保身的目的。在思想方法方面，主张柔弱退让，不参与社会竞争。在社会伦理方面，主张无神有道和修道成仙的出世思想。在人生修养方面，主张绝对的利己主义。

总的说来是个消极无神论思想体系，是个促使社会退化的思想体系，是我国自古以来就有的惰性文化发展流传到这时的表现形式。

他们又主张上层社会的腐化堕落的合理性质，所以能得到王公贵族的偏爱。又促使王公贵族实行严格的愚民政策，使周朝成立以来的上下分治的社会进一步趋向分裂。王公贵族集团拥有政治特权和经济特权，市民阶层和隶农阶级则被排斥于特权之外；王公贵族集团把持着学术文化知识，市民阶层和隶农阶级则被排斥于文化之外，成为没有任何权利同时也没有任何文化知识的被压制的人们。因为压制得过于死板，也就窒息了人们的一切创造性和发奋图强的活力，使整个社会陷入死气沉沉的局面，而且这局面持续了很长时间，可想而知这时问题有多严重了。

这时市民阶层中已经产生了早期资产阶级，隶农阶级中已经产生了早期地主阶级。以早期资产阶级为主导的市民阶层本来就不愿意接受贵族集团的压制，而且从事斗争也有很长时间了，深知要实现政治上的权利平衡，必须首先打破贵族集团对文化知识的垄断，把整个市民阶层从愚昧落后的状况中解放出来。

这时这种要求一定是很强烈的，所以当这种情况首先在鲁国出现，当孔子首先创办私学的时候，市民阶层和农村地主阶级的子弟便多蜂拥而来。由孔子开起头来，由孔子的门徒再到各国去开办市民教育，很短时间内在市民阶层中普及了文化教育，打破了贵族集团对文化知识的垄断。这是孔子当时完成的伟大业绩的一个方面。

孔子周游列国以宣传他的仁道思想，虽然受到列国君主的冷落，但所到之处开办学校，广收门徒，把他的仁道思想的种子撒播到整个华夏世界。孔子所谓的仁，是周公所谓的德的继承，是古代人道主义思想在当时的再现。因为当时天下多国出现了刑罚镇压主义的倾向，孔子力图恢复人道主义的努力显然是有伟大的时代意义的一件事情，我们千万不要低估了这件事情。这是孔子伟大业绩的又一个方面。

孔子是在什么时候删诗书正礼乐的？我想一定在他周游列国以前，不然他到列国去讲什么？如果是回到鲁国以后，他还有多少精力能够完成这样浩繁的文化工程，所以我们应该认为他在出国以前已经把这一切做好了。

我们研究孔子学说依据什么呢？

像历史上以往那样依据《礼记》吗？但孔子所订《礼记》已经失传，现存《礼记》则是西汉学者收集的以曾子学说为主的论说，不能作为孔学的正宗理论。

像历史上以往那样依据《论语》吗？但《论语》一书乃是由曾子学派汇集的只言片语，而且在历史上转抄流传了五六百年之久，才由东汉学者核准，怎能作为孔学的基本性质。

依据先秦时代诸子百家对孔子的回忆吗？这些回忆相互矛盾，各取所需，而且任意发挥，削足适履，怎能作为评判孔学的依据。

所以我们现在研究孔学，一定要依据一些确凿的东西，也即历史上公认为孔子著述的东西，就是《诗经》《书经》和《易经》（包括《易传》在内）这三部书。

所以《诗经》的社会自由思想、《书经》的以民为本思想、《易经》的二元进化和理性实用主义思想，以及这三种思想加在一起所能构成的思想体系，才是孔学的基本性质。

所以孔学具有极大的创造性和积极进取精神，对当时社会变革产生过广泛的促进作用。这是孔子伟大业绩的又一个方面。

孔子以天下为己任、以天下人为服务对象的献身精神，不辞劳苦、不畏强暴、不怕牺牲的工作精神，有教无类、甘心为下层社会的青年一代孜孜不倦以从事教育的精神，为当时和后代的知识分子树立了一个光辉榜样，成为历代先进的文人学士取之不尽的精神力量之源。这是孔子伟大业绩的又一个方面。

但孔子最伟大的业绩，是他在“五十而知天命”以后，开始对易学的系统研究。

《礼记》上记有孔子到宋国研究殷商社会的历史文献因而得到《坤乾》一书（易书）的记载，可见《坤乾》一书是从殷商时代流传下来的。孔子时代《易经》的阴阳符号系统和卦爻辞句系统因为筮法算卦的缘故已在上层社会家喻户晓，所以我们应该认为所谓《坤乾》既非指《易经》的阴阳符号系统，也非指《易经》的卦爻辞句系统。那么《坤乾》到底属于什么系统呢？说到这里，我们只能把它和《易传》一书联系起来分析。

这样说来，所谓《坤乾》就是易学沉没以后幸存下来的一部易学古籍。孔子把这部易学古籍用当代的语文写出来，作为他的易哲学的讲义，传授给这时在他门下的学生，从而流传到天下列国。可以想见得到，这部哲学讲义中的二元进化思想、二元辩证法和理性实用主义认识论的思想，一旦和《易经》卦爻辞句中的哲学和政治伦理思想相互印证起来，所产生的社会影响是多么的巨大而且深刻了。

孔子《易传》的问世，基本改变了周朝以来把《易经》仅仅作为筮法算卦方术的传统，把《易经》重新引上学术思想领域，并且从此在我国的学术思想中作为一个哲学的根本流传下来。

孔子完成了易学革命，把人道主义与功利主义并行不违的政治思想发扬出来，把竞争精神与博爱精神并行不违的伦理思想发扬出来，并且以他自己的巨大的影响力量促使易学思想的普及。

显然是易学的新思想促使人们的思想从道学的惰性思想中解放出来，促使资产阶级和市民阶层起来从事社会变革，促使鲁国学说、齐国学说和三晋学说的兴起，促使各类学术思想争鸣运动的到来。

所以发扬易学思想以反对道学思想，是孔子一切伟大业绩中至为重要的一个方面，一个伟大的思想解放运动也即文化转正升级运动就从孔子脚下开始了。

孔子以后鲁国的文化界极其活跃。曾子作为鲁国人，成为鲁国的儒学大师，因而自视为孔学正宗。其实他不是孔学正宗，而是从孔学思想退回到鲁国传统思想去了。他极为推崇鲁国礼教，把孝顺父母、埋葬父母和祭祀祖先的道理推崇到至高无上的地位，发展到非常固执和非常愚昧的程度，把政治伦理思想完全引回到亲亲恩赐主义的老路上去，虽然保持了孔学的仁道思想，却显得不相协调，于是曾子儒学具有很多的虚伪性质。同时在曾子儒学中侵入了道学的明哲保身思想和静虚内省的修养功法，所以又具有很多的消极性质。

同时我们知道，这时天下列国并立，孔子门徒遍天下，各国都有儒学队伍，也各有儒学大师。很多儒学大师的学识都在曾子之上，所以形成一个遍及天下的通儒阶层，而把曾子的鲁儒视为腐儒。这通儒阶层坚持传授的学问，就是天下承认的孔学正宗。

曾子以后鲁国又出了一位圣人，叫做墨子，由他创建起来的墨家学说很快风行天下。

墨子的哲学观念具有进化论和阴阳并行的性质，如兼相爱交相利的思想，信天又不信命的思想，科学与宗教并行的思想。

他的学说的核心内容，一是平等和博爱精神，否认一切已有的等级制度，教人平等相待、互爱互助，而不要相互为仇；二是争强好胜的功利主义思想，主张事在人为；三是选贤任能以组织平民政府的思想，反对贵族集团垄断政治；四是理性实用主义思想，主张把历史经验和社会实践结合起来，判断当前的是非曲直，并且在实践过程中进行检验；五是自称一切思想活动都以夏代思想为依归，他也推崇孔子为圣人，但他的理想性格是大禹的博爱精诚和集体功利主义精神、艰苦奋斗和无私无畏的献身精神。

应该承认，墨学的核心内容是和《易经》思想一致的，是《易经》思想在当时社会条件下的反映，除开孔学以外，再也没有任何学说能像墨学一样博大精深了。

可想而知，在战国初期儒、墨遍天下的时代，墨学思想对当时华夏世界影响有多么的巨大了。它不仅和儒学一道捍卫了传统的仁道思想，也和孔学一道捍卫了人道主义与功利主义并行不违的思想，为战国时代各类学说的兴起铺设了一条道路。

孔学也罢，墨学也罢，都是从鲁国的土地上成长起来。孔学和墨学超越了鲁国传统，具有学术革命的性质，也具有新社会阶级意识。孔学主要代表着当时以资产阶级为主导的市民阶层的利益，墨学主要代表着当时城市佣工阶级的利益，说来都是代表着当时比较先进的一部分人，所以两种思想同样具有促进社会发展进步的作用。

平心而论，他们确实起到了这种作用。

接着到来的便是以鲁国学说、齐国学说和三晋学说为轴心的三强竞争时代。

从三晋南部兴起的法家学说继承了殷商后期的功利主义和刑罚镇压主义传统，因为三晋南部包括卫国一带本来是殷商国土的中心区域，也是殷商后裔聚居的地方。

法家偏执于功利主义，所以与孔、墨学说半通半塞，而与儒家（指鲁儒，以下皆同）处于完全对立的状态：儒家重人道，反功利，而法家重功利，反人道；儒家重伦理，反法治，而法家重法治，反伦理；儒家的哲学观念是天命论循环论的，而法家的哲学观念是唯物论进化论的；儒家的思想方法是主观唯心主义的，而法家的思想方法具有实用主义的性质；儒家主张确立一个维持现状的和平世界，而法家则主张发动战争以并吞别的国家；儒家的政治思想是要保护上层贵族集团，而法家则恰恰要消灭这个贵族集团，以实现由一个君主统治的中央集权的国家；儒家是主张言论自由议政自由的，而法家则恰恰要取缔这种自由；儒家代表着当时理应退出历史舞台的贵族集团的利益，而法家代表着当时正在发展并且日益走向反动的地主阶级的利益。

总的说来，儒、法两大思想体系乃是代表着两个反动阶级的不同利益，所以具有完全不同的表现形式。

齐国的学术思想在它的开国君主姜尚时代已经开始了，正如鲁国的学术思想在它的开国君主伯禽时代已经开始了一样。由姜尚创建的齐国和由伯禽创建的鲁国地域相邻，但却代表着两种传统，奉行着两种不同的治国路线。

姜尚以后数百年，齐国从一个荒芜地带逐步发展起来，成为春秋时代最富强的国家，齐桓公和管仲才在这个基础上称霸天下。

作为姜尚思想的继承者，管仲在齐国进行的改革运动，是春秋时代最早的改革运动，在孔子以前早已确立了齐国的政治经济制度，建设了一个产业与商业并行的国家、一个具有自由贸易思想的国家、一个全面开放的国家，也是一个资产阶级和市民阶层占主导地位的国家。不幸的是这个国家很快很全面地腐败了，孔子时代已是这个国家走着下坡路的时候了。

管仲的改革开放思想和改革开放的实际情况，作为齐国的官方文献传到战国时代，才被齐国学者编辑为《管子》一书，成为齐国学术思想的经典著作。

不久齐国复兴起来，齐国的学术文化便突然发达起来，很快在列国的学术争鸣运动中占居中心地位。

在齐国的稷下学宫时代，自由讲学风气盛极一时，整个华夏世界的学术大师们从各国纷纷到来，对战国文化的高度繁荣起到很大的促进作用，把由孔子开创的思想解放运动推向高潮。

在社会伦理方面，齐国人具有以天下为己任的集体功利主义思想，有发展生产推进国际贸易的社会竞争思想，有以“礼义廉耻”为纲的伦理道德思想，用齐国思想教育出来的人们多是积极向上的人、活泼好动的人、多才多艺而且豁达大度的人，这是历史上公认的事。而以上情况，无不与《易经》的思想吻合。所以齐国学术思想乃是战国时代最有发展前途的思想，齐国乃是战国时代最有可能首先冲破封建桎梏发展为资本主义社会的一个国家。

但是这未能成为事实。

究其原因，首先在于齐国的学术运动虽然是很活跃的，但学术运动的范畴始终局限于政治伦理的半个天地，没有引起人们对科学知识重要性的认识，以致一切哲学论证一直徘徊在只凭观察论证的朴素阶段。易学思想虽然在齐国有所发展，同样未能突破因为缺少科学知识形成的认识障碍。易学哲学也好，齐国原有哲学也好，这时都已染上道学循环论的病毒，从而丧失掉了引导社会思想前进的能力。

一场伟大的学术争鸣运动从鲁国兴起，在天下列国展开，在齐国推向高潮又在齐国衰落下去了。

易学思想又和齐国思想一起沉没下去了，对易学来说这是第二次沉没。而道家学说却又飞扬起来，成为此后社会的主导思想。

易学沉没的主要事件是荀子儒学的兴起却向法家学说的轨道

上滑了下去。

荀子儒学主要来源于易学、孔学和管子学说，其次是儒学和法家学说。他在哲学辩证方面，把管子的人君天地思想发展到一种积极唯物论的高度。所谓积极唯物论乃相对于道家的消极唯物论而言。道家唯物主义的消极性表现在它的人道无为上面；而荀子唯物主义的积极性则表现为与此相反的人道有为思想，认为在客观世界面前人可以发挥作用，可以改变客观世界，使客观世界向着对人有利的方面发展。

荀子在此基础上又向前走了一步，把《易传》中的求实思想和趋时思想、墨学中的验证思想、兵家和纵横家学说中的攻守思想，融会贯通起来，创建了他的十分精致的理性实用主义认识论。在先秦认识论方面承前启后，完成了一次革命，达到了一个高峰。这是荀子创建的一个具有历史意义的伟大业绩。

荀子的政治伦理思想中有一系列的阴阳并行不违的理论，如德法并行、礼法并重、义利并重、刑赏并重，等等，都是从易学中引出来的。

但是他对易学的阴阳并行不违似乎不大满意，想把并行不违的双方设法捏合起来，看来并没有捏合起来，因为并行不违的双方实在不可能捏合起来。于是他又设法在这双方中分先分后、分主分从、分重分轻。其实一切并行不违的事物并没有先后之分，本来就同时存在；也没有主从之分，本来就不可代替；也没有轻重之分，本来就同样重要。其实这双方只可以分阴分阳，阴有阴的作用，阳有阳的作用，所谓无阳不生、无阴不长的道理易学家们都是晓得的，想来荀子也是晓得的，为什么竟然不晓得了？

这样一来，并行不违的规律就被破坏了，剩下一些单一运行的东西。

而在以上所列几例并行事理中以礼法并重为要点，荀子在这方面费了很多笔墨来再三论证说明。他的本意好像是重礼轻法，而实际上把礼推到一个被代替了的无用的地位，而把法推到一个实用的地位，加上他的“性恶论”思想的影响力量，及由性恶论引导出来的刑罚镇压主义，致使他的整个思想最终朝着专制主义的方向滑了下去。

到了他的学生韩非那里，便滑到了全面的绝对的专制主义的沟底。

说到这里还须追述一下商鞅变法的事迹。

商鞅是三晋南部原属卫国地方人，卫国原属殷商的京华部分，他的法治思想渊源是很明显了。

商鞅辅佐秦孝公实行变法为什么能够成功呢？这固然是由于秦国的贵族集团不够顽强的原因，也是由于秦国继承了西周的人道传统，实行变法在实际上也就具有人道主义与功利主义并行的性质。

商鞅的功利刑罚制度与秦国原有的仁义道德制度并行发展下来，确实收到了富国强兵的成效，而这一切成效都被记在法家的账上，于是战国后期法家的声誉扶摇直上，人们怎能晓得这里面的奥秘呢？

但是法家在政策宣传上一贯强调功利刑罚，而不谈仁义道德，时间久了产生刑罚失控现象就难免了。幸好秦国在商鞅以后的百年法治历史中没有一位宰相属于正统的法家人物，他们虽然依法行事却也留有余地，所以不是法家思想占绝对统治地位。

这是秦国所以能够一强再强、一胜再胜的真正原因。

秦国实行重农抑商政策，所以是个地主阶级专政的国家，秦国实行耕战功利主义政策，所以是个破坏性很强的封建国家，是当时中国社会的一支破坏性力量。对此我们要有很清醒的认识。

战国后期实质上进入了一个新旧两种社会形态决战的历史时期，代表资产阶级与市民阶层利益的齐国如果胜利了，中国就可能向前发展为资本主义社会；代表地主阶级利益的秦国胜利了，中国就必然长期滞留在封建社会而不得发展向前。历史的发展结果不利于齐国，因为齐国又很快地很全面地腐败了，到这时候有远见的资产者便也看透了这种情况，产生抛开齐国而试图用齐国思想改造秦国的政治经济制度、利用秦国力量把社会继续推向前进的想法。

这个伟大的历史使命正巧落在一位英明的资产者头上，就是辅佐年幼的秦始皇治理秦国的吕不韦相国。他已经牢牢地掌握了秦国政权，于是召集来自齐国一带的文人学士，共同讨论改造秦国的根本思想，从而主持编辑了一部叫做《吕氏春秋》的书，又把此书大字写成悬在城墙上广为传播，制造扭转秦国政治方向的舆论，以争取秦国朝野上下对他的拥护支持。

在《吕氏春秋》一书中我们可以看到一系列来自齐国的先进思想，如从孔学和管子学说中引入的天下为公和以天下为己任的市民阶层的公民思想，从易学中引入的一系列人道主义与功利主义并行的政治伦理思想，从黄老学说中引入的虚君型民主思想，从儒学中引入的仁民爱物思想，从墨学中引入的集体功利主义思想，从孟学中引入的民本主义和以王道统一天下的思想，从荀学中引入的天道自然和人定胜天思想，从兵家和纵横家学说中引入的克敌制胜思想，以及从易学和管子学说中、墨学和兵家学说中、荀学和黄老学说中引入的理性实用主义思想，继荀子之后在认识论方面又登上一个高峰。

你看，他的理论是多么的宏大高明，而且时机也选得非常恰当，是当秦王尚幼、百官依附、军权在握而百姓已经乐于服从的时候。只恨他对年幼的秦始皇的思想不够理解，而且对其刚强果断缺乏认识，致使秦国的地主阶级势力在秦始皇率领下反抗起来，这一切都完结了。

秦始皇采用了韩非思想作为治国治民的纲领，又任用了强硬派法家人物李斯和尉缭治理国家，以长期以来所积累的国力为基础，很快攻灭了包括齐国在内的东方六国。

中国第一次思想解放运动，也即文化转正升级运动，从孔子开始到吕不韦就失落了。

中国的封建社会从这时起转为滞塞拖延，而且长期滞塞拖延下来。

易哲学在第二次思想解放运动中的作用

（魏晋南北朝时期）

秦灭六国是中国历史上的一个分水岭，从此以后中国的封建社会进入滞塞拖延阶段，所以秦汉两朝乃是中国传统文化的败落时期。

大体说来，秦朝扮演了一个大坏蛋大破坏者的角色，汉朝扮演了一个好人和建设者的角色。西汉初期的黄老时代也即文景时代确实是个建设者的样子，中国的传统文化未遭到彻底毁灭，实在得力于那一时代。

但是黄老思想是个残缺不全的思想，它的政治思想是从齐国引入的，具有管子学说的某些优点；它的政权思想是虚君主义，主张君主无为、宰相行权、地方自治，让民众在和平环境中休养生息，让学术在自由环境中恢复发展，让周边的封国和番国在相互信任的环境中独立发展。这在开始时确实收到效果，不久以后问题就来了，番国和封国养成尾大不掉的形势，使他们穷于应付，却拿不出什么办法来。

因为他们的哲学思想方法是道家的以柔克刚，缺乏易学刚柔兼济的气质，在复杂多变的政治斗争中逐渐地失掉主动。

因为他们的虚君主义缺乏制度上的保证，一旦皇帝决定要收回权力，他们便立即处于无能为力的地位。

黄老政治的失败给儒学带来了一次机会，恰好这时儒学已从一片废墟上复兴起来，在大儒董仲舒的再造下形成新的思想体系，又得到汉武帝一手扶持，取得一时独尊的政教地位。

与先秦的儒学大师们比较起来，董仲舒真是一个幸运儿，他刚刚把他的思想体系建构起来，便很快派上用场；他也备受皇帝崇拜，他的思想继承者们也备受以后的皇帝们的崇拜。他的思想体系在实际上成为导致中国封建社会滞塞拖延的直接原因。

他的学说导源于鲁国儒学和齐国的道家学说，是个彻头彻尾的反易学的体系。

易学是二元论的，而他偏要“贱二而贵一”，否认二元、二极、二反、二替等两个方面具有平等地位，极力歪曲《易传》开头的“天尊地卑，乾坤定矣，卑高以陈，贵贱位矣”的意思。《易传》所说“天尊地卑”，是从天地所处的自然位置着眼的，所说“贵贱位矣”，是从乾坤所发挥的本能作用着眼的，尊卑贵贱等词在实际上都是用来说明义理的，没有把阴性事物降为卑贱地位的意思。而他偏要坚持“阳尊阴卑”的字面意思，又从“贱二而贵一”发展到“一而不二”，进一步地认为凡阳性事物都是正当的，应该肯定的东西，凡阴性事物都是不正当的，应该否定的东西，把阴性事物降为与邪恶等同的地位。

易学是进化论的，而他偏要否定进化论的思想，提出“天不变道亦不变”的错误思想。如果说战国思想的错误倾向是从进化论蜕化为循环论，那么他的思想便更加向后退了一步，从循环论蜕化为不变论，认为从古至今，从今以至将来，自然界永远是那个样子，不会有任何实质性的改变，社会也永远是那个样子，也不会有任何实质性的改变。

从不变论的哲学观念出发，他又认为社会伦理道德全都导源于“阳尊阴卑”这一条社会法则。社会存在着君臣、父子、夫妻三大伦理关系，君为阳、臣为阴，父为阳、子为阴，夫为阳、妻为阴；为君、为父、为夫的三种人永远是最高贵的，而为臣、为子、为妻的三种人永远是最卑贱的；永远高贵的一方可以为所欲为而不受任何约束，而永远卑贱的一方则没有任何自主的权利。这就是他的三纲思想，是他思想的核心，他的政治伦理思想都是围绕三纲思想建构起来的，再加上他的重农抑商、重本抑末、重义轻利、重德轻才，等等，便构成他的全面专制主义的政治教育的原则。

他的学说的内容是鲁儒的经学体系，以注解和讲解五经即《诗经》《书经》《易经》《礼记》《春秋》为主要的传授方式。

由于秦代对知识分子的残酷镇压，知识分子的创造性已经泯灭；从汉武帝时代开始又实行文化专制主义政策，知识分子的才华和理想找不到一条发挥出来的路，便被成群结队地赶入五经注解的羊肠小道。于是五经注解形成热潮，大儒注解五经词句，中儒再来注解大儒的注解，小儒和后儒再来注解中儒对大儒的注解的注解，总之是注解着注解的注解的注解的注解……五经上的一句话经他们层层叠叠地注解下来，反而给人理解五经设置了重重障碍，注解越多距离原本的意义越远了。

这就是繁琐哲学，是文化专制主义制度下必然有的，古今中外大体上是相同的。

他的学说的形式是道家的阴阳五行体系。

我们知道阴阳五行体系本来表现为一些套式，一开始也很简易，不过阴阳互变罢了，不过金、木、水、火、土相生相克罢了，不过五德终始相继相承罢了。但在发展过程中，由于与形成五经注解的繁琐哲学相同的原因，由于易学和道学的哲学辩证方法被废弃了的原因，知识分子的创造性就一齐转向套式，凡是当时能够搜集到的一切传统套式都被搜集出来了：甲乙丙丁戊己庚辛壬癸呀、子丑寅卯辰巳午未申酉戌亥呀、春夏长夏秋冬呀、东西南北中呀、六爻呀、八卦呀、十二消息卦呀、六十四卦呀、四千二百二十四卦呀、十二月令呀、二十四节气呀、七十二候（每侯五天） 呀、三百六十天呀、二十八宿呀、王公侯卿大夫呀、五色、五光、五声、五味、五音、五律、五常、五德、五官、五脏、五气、五运、五性、五情、五位、五道、五五五五五呀、天地日月星呀、天地君亲师呀、一世、二世、三世、四世、五世、六世、游魂、归魂呀，乌七八糟呀，八糟乌七呀，大体上有这许多。本来是些风马牛不相及的概念，而他们认为把这些概念式的字词以某种方式组合起来，便显示某种真理，具备某种效用，发挥某种神力，可以消灾免祸，可以预测吉凶，也可以为人生事业和国家的政治经济工作起某种指导作用。

这听起来实在可笑，而当时全国上下的大大小小的知识分子无不在这样思考问题。

他们中的智者总能以前辈所列举的套式为基础创造出新套式来，他们中的愚者便信以为真，再拿这些套式去自欺欺人。究其实呢什么道理也没有的，什么作用也没有的。

汉代两个二百年就这样套来套去，结果套出无其数的套式来，真叫人哭笑不得。

这就是套式哲学，也是繁琐哲学，是中国古代特有的繁琐哲学。

还有一个方面，就是由董仲舒的天人感应学说发展而成的祥符灾异学说，认为一切天象和气象的异常现象都隐含着天对人世的某种谴告，认为天无时无刻不在通过这些谴告向人们预告吉凶。后来又由祥符灾异学说发展为谶纬迷信学说。这种谶纬迷信学说又跟五行套式和五经注解两种繁琐哲学结合起来，形成一种空前绝后的繁琐化、套式化、神秘化的体系，一切理性思维和实用精神统统都被湮没了。

汉代被公认为是个繁荣昌盛的时代，但是它的繁荣昌盛乃是战国时代列国争雄的积极进取精神的延伸，是战国时代经济技术发展的趋势的延伸。没有战国时代的物质基础和精神基础，汉代的繁荣昌盛就不可能产生。

对此我们应该有个正确的认识，才能对汉代历史做出比较准确的评价。

汉代的生产力水平实际上比战国时代没有提高，而在思想文化领域则走上一条极为愚昧的道路，在表面上看似繁荣昌盛的形势底下，滋生着“消极官僚阶层”的祸根。

所谓消极官僚阶层，是说他们作为官僚阶层没有为国家建功立业的想法，也没有为民众谋取利益的想法，而只有为亲属和亲信以权谋私的想法。

汉代政治具有阳儒阴法的性质，号称独尊儒术，实则表面上大讲儒学的仁义道德，把儒学作为旗帜以统一天下人心，而在实际上实行法家的严刑峻法。由于明里一套、暗里一套、嘴上一套、心中一套，这种政治伦理思想的失真又形成汉代消极官僚阶层虚伪、奸诈和残酷无情的性格。

汉代政治发展为一君专制主义，虽然也有君相分权，但宰相权力有限，而且在君权之上没有任何一种可以制约的权力。君权不受制约，君王的腐化堕落也不受制约。君王的腐化堕落导致消极官僚阶层的腐化堕落和不断膨胀，导致工农业生产的破坏、农村的破产和农民起义的发生，导致知识阶层的愚昧化和民众精神的消极化，导致全面崩溃，而找不出任何一点可以挽救危亡的活力。

汉代两个二百年的两度衰亡的历史正是这样。

后汉末年，三国时代前后的情况是大家都熟悉的，那时农村破产、城市凋敝、农民起义、军阀割据、大战乱、大破坏、大灾荒的情景是多么的可怕啊！北方人死了多一半！南方也受到很大摧残！落后民族趁机打了进来，甚至把王公贵族的妻女都抢到塞外去了！

要说汉代文化么，就是这样。

当汉代灭亡的时候，不仅是一个朝代灭亡了，整个民族的先进文化也都形同灭亡。从上到下，从南到北，官僚阶层、知识阶层、市民阶层，所有的人都处于繁琐哲学和谶纬迷信学说的笼罩之下。包括诸葛亮、曹操和三国时代所有的才子们豪杰们在内，谁也不晓得怎样来改变这种局面。

这时魏国境内有个很年轻的易学家，名叫王弼，他才活到24岁就死了。但是在他活着的时候已经写成了几部学术革命的书，就是《周易注》《周易略例》等等。

他精通易学，也精通道学，援引道学方法来改造易学。因为《易经》被汉代儒学列为群经之首，早被注解家注解得面目全非，也被套式家套式得不成样子，更被谶纬家谶纬得迷魂缥缈，易学著作汗牛充栋，究其实际全是胡言乱语，顺着老路研究，只会荒唐中再显荒唐，糊涂中更添糊涂；而道学由于置身于五经之外倒显得平易近人，基本保持着它的哲学本色。王弼援引道学方法改造易学的结果，把易经哲学从汉代的重重注解中解放出来，从层层套式中解放出来，从谶纬迷信学说的宗宗包裹中解放出来，还给易学一个哲学和政治伦理思想的真面目。

这一下叫天下的读书人大吃一惊，原来易学的真面目是这样深刻明确。

他创立了易学义理学说与原来的易学象数学说相对抗，使学者们从易学义理中看到许多过去无法知道的辩证方法和认识方法。在他死后不久，他的学说便四面传开。他的研究易学的方法，即绕开重重叠叠的繁琐哲学和谶纬迷信学说，而直接从经书本身词句中探求义理的方法，很快被天下读书人所接受，很快掀起了一场思想革命。也由于当时政治形势已经有利于这场革命，所以很快就把汉代以来的繁琐哲学和谶纬迷信学说统统冲垮了。

他所掀起的思想解放运动的浪潮一直延续了好几代人之久，起到思想革命的作用，他的伟大功绩应该受到后代人的景仰。他究竟只活了24岁，他的天才还未完全成熟，他的思想也还未完全成熟，他给当时社会留下一个半成品就忽然撒手而去。

当他的学说被人们欣然接受以后，却把半成品当作成品，于是他学说中的一些消极因素，即道学的迷幻思维的因素便也跟着易学一起流传，和当时社会的消极情绪相结合，很快泛滥起来，形成名噪一时的玄学运动。

他们把《易经》《老子》和《庄子》三部书视为一致，称作三玄，作为他们每天高谈阔论的依据，而和社会实际隔离开来，把这次思想解放运动引向一个消极无为的道路上去。

玄学清谈在晋代的官僚阶层和知识阶层中继续蔓延，造成全国上下一片颓废的风气，晋代立国不久很快腐化堕落起来也很快地灭亡了。

在王弼易学广为传播的时候，在玄学运动大为活跃的时候，印度的佛教和中国的道教也趁机传播开来，很快获得了老百姓的信仰，也在上层社会中扎下根来。以后玄学冷落，玄学和印度佛学合流下来，佛教的中国化很快完成。这样一来，我国开始从一个独尊儒术（儒术即儒教，以下即改用“儒教”一词）的社会进入儒、佛、道三教并行的社会。

这是一个很大的变化，有它当时的积极的一面。中国的政局虽然一度混乱不堪，但比汉代宽松得多了，经济上、文化上、社会伦理上也自由多了。

同时有它长期的消极的一面。儒教从汉代发展过来，本来就是以腐儒为主的消极保守的思想意识，这时又加进一个道教，好像一个不务正业的浪子，又加进一个佛教，好像一个坐吃山空的懒汉。把儒、佛、道三方面凑在一起，亏死了中国人了！

接着发生的一件大事，就是西晋时代玄学误国，导致西晋很快灭亡以后，北方的游牧民族和半游牧民族一拥而入，占领和分割了黄河流域，形成五胡乱华的混杂局面；与此同时黄河流域的北方人大量南移，到江南和长江流域一带逃避战乱，并且长期定居下来。

真是一撞三响，长城以北的游牧人和半游牧人进入中原后定居下来，成为中原一带百姓的统治者；而北方的中原人进入江南一带定居下来，成为江南一带百姓的统治者。

这样一撞三响以后，北方和南方都相对平静下来，客户和土户都相对团结起来，形成长期的南北分治，就是南北朝时期。

这种民族大入侵、大迁移、大动荡、大改组的历史给当时的中国人曾带来种种苦难，但接着而来的民族大融合、大革新、大发展、大团结的历史却具有积极意义。

从中原一带迁入江南一带的人大多是地主豪强，他们来到南方，成为失掉土地而拥有钱财的财主，他们中一部分人占地为王，重新垦荒种地，发展商品性农业生产；一部分人便和同来的文人学士、能工巧匠们结合起来，创办工商企业，为南方社会的发展进步立下不朽的功业。

南朝的各代政府一改汉代以来歧视工商业者的许多规定，大大提高了工商业者的社会地位。南朝的王公贵族们、大小官僚们、文人学士们不再视工商为贱业，纷纷弃政从商、弃学从商。这样一来，经营工商业、经营商品性农业便逐渐蔚成风气，社会因此大大活跃起来了。

这样又经过一百余年，南方的工商业经济和农业经济的繁荣程度在历史上第一次超过北方。同时南方人在南朝时代形成的创办工商企业的积极性和机智灵活的经营方法，也一代又一代积累起来，成为一种不可摧折的社会性格，就是企业家精神。

这种企业家精神在唐宋元明清以来历史上一再发扬，把江南一带建设成为历代皇朝的经济命脉和财赋中心。

但溯本追源，我们不应忘记这种精神乃是从南朝时代发展起来的，是当时南朝思想解放运动的成果，因而从根本上说来是由王弼开创的新易学运动的成果。

与此同时，在北方的黄河流域一带，由王弼的新易学掀起的思想解放运动，经过五胡乱华时代的沉寂又渐渐恢复过来，发展为一个强大的持久的民族改革、政治改革和社会改革运动。半游牧的鲜卑人击败了其他游牧民族，统一了中国北方，建立了一个比较开明的北魏政权。鲜卑人做了半个中国的统治者感到满足，因为他们的人数太少，没有征服南方的余力，以后又分裂为西魏和东魏两个政权，不久西魏成为北周，东魏成为北齐，都是鲜卑人争来夺去罢了。

这些鲜卑人作为一个少数族人长期定居在长城以北，但他们传说来自中原地区，而且认定为黄帝后裔，当他们入主中原以后，便产生一种回到老家来的意识。他们集体决定整个一个民族抛弃原来的语言、服饰、习俗和生活方式，讲汉话，穿汉服，习汉俗，与汉族通婚并且融合为一个民族。这似乎是一件难办的事，但经过几代人的努力，终于成为事实。

这在世界历史上真是一大奇观，也只有在我们中国历史上才会出现，说明我们的民族融合是由远古以来的传统思想促成的。这种思想在儒教的体系中发展成熟起来，成为中原的汉族人与周边的少数族人大家共同具有的一种意识，总之是以融合为荣，而以分裂为耻。

所以鲜卑人作为统治者而自愿融合的事，乃是我们中国民族精神的一大成就。

在鲜卑人的带动下，当时活动生息在北方一带的许多少数族人，也都自觉完成了这一融合过程。

鲜卑人作为一个少数族人经过长期艰苦奋斗征服了半个中国的积极进取精神，自觉融合坚决进行民族改革的改革开放精神，适应情况从氏族社会一跃走向封建社会的发展进步精神，促使他们在统治北方的一百多年当中，先后进行过多次的土地改革，使天下耕田人得到田地，农业生产因而逐步发展起来；先后进行过多次的废奴改革，把无数的奴仆从苦难中解放出来，推动了社会进步；先后进行过多次的学术恢复工作，把被五胡乱华时代摧毁的中原文化逐步复兴起来；先后进行过多次的以打击佛教为主的宗教改革，把佛教对中国文化的破坏作用压抑下去；先后进行过多次的政治改革，把消极官僚阶层转向积极轨道上来，建设起效率较高的行政机构；先后进行过多次的儒教革新，基本革除了汉代儒教的烦琐化、套式化、神秘化的传统，以恢复周代学术为因由，以通儒思想为基础，做了实际的革新工作，完成了由王弼开创的思想解放运动所要达到的一个根本目的，具有巨大的时代意义。

在北朝社会，从北魏到西魏和北周，社会不断进步、生产不断发展、人民的积极进取精神不断发扬的结果，在英明的北周武帝的时代，北方又一次统一起来，进一步统一全中国的时机也来到了。

比较起来，在南北朝并立时代，南北双方许多事是不同的。从东汉以至隋唐时代，所谓“六朝时代”的南方未遭受多大破坏，经济文化呈直线上升趋势，从原来的落后地带逐渐繁荣起来；同时，各种学术文化也逐渐繁荣起来，无论哲学、宗教学、科学技术、文学理论和文学艺术的创作，如诗歌、音乐、绘画、书法、工艺、美术，等等，都达到很高水平，使北方望尘莫及。同时他们的生活水平也相应提高起来，特别是城市生活的丰富多彩，商业社会的奢华迷离，更使北方人羡慕不已。

与此同时的北方，因屡遭战乱饥荒，社会从一片废墟上逐步复苏，农业虽然发展上去了，但工商业的破败和学术文化的凋零，与南方相比显得寒酸。而他们通过不断的改革运动反而形成一种与南方不同风格的文化性格。

北方文化具有刚健清新的气质，产生了如《疏勒歌》和《木兰辞》一类的豪放歌曲，而在南方则只能产生那些风花雪月的消极词曲，以及用大量华丽辞藻堆砌起来的骈文对偶式的文章；北方在打击佛教，而南方却举国崇佛，皇帝也出家去做和尚；北方在不断改革中前进，而南方在长期清谈中误国；南方文化是发达的消极文化，而北方文化是不发达的，却具有竞争和积极进取精神。

当北方统一了南方以后，到隋唐时代这两种文化很快合流，创造了中国历史上继汉代而来的又一次辉煌时期。

所以隋唐社会的统一、强大和繁荣昌盛乃是魏晋南北朝时代思想解放运动的成果；没有王弼的新易学运动，没有魏晋时代的自由化运动，没有南朝的经济改革和北朝的政治社会改革的成就，隋唐时代的文明便不会到来。

易哲学在第三次思想解放运动中的作用
（唐代后期）

隋唐两代大体上走着秦汉两代的老路。

隋代政治继承着北周的功利制度发展下来，在文帝时代表现为极端的苛刻少恩，在炀帝时代表现为极端的残暴缺德，以致很快激起了农民起义也很快地灭亡了。

但是在它灭亡以前已经确立了它的一套封建统治制度，在政治上强化了君主专制；在经济上和汉代一样实行重农抑商政策；在文化上实行了一套新的以五经为范畴的科举考试制度，同样属于尊一排异的文化专制形式；在社会伦理上依旧是三纲思想。总之依旧是全面专制，而在推行全面专制时和秦代一样采用了极其残暴的手段。

当唐代兴起的时候改变了这种手段，改用儒教的仁政思想治理国家，在唐太宗时代收到极大的政治效果，历史上称作贞观之治。

但是和汉代继承了秦代的基本制度一样，唐代也继承了隋代的基本制度，并没有设想出新的好制度来。像隋代皇帝发明的科举考试制吧，表面看来是对官僚制度的改革开放，为天下的读书人开辟了一条出路，只要努力学习便可以考取官职。但这种考试制度规定了非常狭窄的考试范畴，仅仅以五经作为课本，把普天下的千千万万的读书人的思想智慧统统纳入这个羊肠小道中去，从而彻底实现了汉代独尊儒教、尊一排异的思想。当读书人有幸考取而被录用为官的时候，他们的头脑中便只有儒教经典中那点陈旧知识，做官的一套知识还得从头学起。当读书人中的绝大多数抱着升官发财的希望参加数年一次的考试，一考再考而终于耗尽才华未能考取的时候，他们便成为儒门废料，连谋生的本领都没有了。

这样一来，便彻底窒息了知识阶层的创造精神，扼杀了他们本来可以在多种学科中发挥作用的可能性。

唐太宗又命孔颖达等一批人撰写一套叫做《五经正义》的书，

实际上是把汉代以来的五经注解于以简化和规范化的结果。

汉代的读书人还能自由地注解五经，编弄套式，并且随心所欲地虚构神鬼故事，也算有点自由吧！而唐代实行科举考试制度，又编定了考试课本，他们从此便只能死记硬背。

所以隋唐时代的科举考试制度，貌似开放，实则更加禁闭，貌似自由，实则更加专横。

所以唐太宗和他的贞观之治虽然被历代传颂，其实仅仅是由时势促成的一种业绩。唐太宗和北周皇帝比起来，缺乏社会改革的能力和积极创造的精神，平心而论仍然是个思想保守的皇帝，没有为社会找出一条正确的前进的路；贞观之治和北周社会比起来，也不及北周社会那样具有追求进步的气质。

唐代继承隋制，在实际上继承了南朝的文化传统，实行宗教信仰自由的政策、言而无罪和文学艺术创作自由的政策、对外文化开放和相互交流的政策、对内社会宽松和上下和顺的政策。

正是因为这些政策所掀起的自由化倾向，促使唐代社会在文学艺术方面成就辉煌，在社会伦理方面具有比汉代社会的死板的生活方式迥然不同的潇洒风格，在士大夫中也形成一种与汉代人拘谨作风不同的豪放气质。

但是南朝文化本来就是偏失的，它的形式看来是很自由的，它的形象看来是很优美的，却是建立在佛教思想的极其松软的沙壤之上。

唐代的皇帝们也和南朝皇帝们一样推崇佛教，以致佛教势力日益膨胀起来。

到中唐时代，佛教寺院已拥有全国土地的三分之一以上，僧人和尚达数百万人之多，佛教信徒遍天下，连政府的官僚们也大都习佛念经。更为可怕的是当时的知识阶层由于政治上没有前途，事业上没有出路，也大批拥入佛门，一时间人们只知有佛教历史，而不知有中国历史；只崇信佛门诸佛，而鄙视儒门诸圣；只希图西天成佛，而忘记了建设国家的重要意义；只以佛教的惰性伦理为处世原则，而忘记了自家民族的优良传统；只把所学得的文化用于学习佛经佛传和佛门的那些无数的传教典册，而把祖国的先进的学术思想、高明的哲学理论，统统视为无用。

这时的中国好像已经变成消极、落后、愚昧、怯弱的佛教世界，中国的传统文化已经处在风雨飘摇之中。

唐代文化的实质就是这样。

这种趋势如果继续下去，中国就会变为一个纯佛教的国家，从而把中国民族变为具有宗教迷狂精神的民族，而一旦达到那种程度，中国人便再也抬不起头来。

我们需要明白，佛教作为印度的一种非常消极无为的思想意识，曾经对印度社会形成促退作用，促使印度的民族精神衰落下去，使印度民族成为一代一代的被征服被奴役的民族。虽然大讲慈爱而别人并不爱他，虽然大讲平等而自己却挺不起腰来，别人不承认他的平等地位，他有什么办法呢？佛教便叫人忍耐、忍耐、忍耐、再忍耐，而决不起来反抗斗争。

当中亚的游牧人闯进印度，捣毁佛寺、屠杀佛教僧侣的时候，他们毫无反抗，印度佛教就这样被摧毁了，一半成了伊斯兰教的天下，一半成了印度教的天下。

而在我们中国，佛教（单指汉传佛教，以下皆同）却为什么能够发展起来呢？

因为佛教是个叫人懒惰和懦弱的宗教。

因为皇帝们为了弱化民心，坐享太平，多喜欢扶持佛教，以巩固自己的统治地位。

而佛教能够发展起来的另一原因，在于佛教不仅有一套宗教教义，而且有一套哲学思想，在我们的主要哲学易经哲学已经沉落的时候，在社会表面上只剩下道家哲学的时候，没有任何一种哲学可以和佛教哲学分庭抗礼。况且佛教在它中国化的过程中已经把道家哲学融合进去了，这时成为佛中有道，更非道家能够超越。这对当时的知识分子来说，便有极大的诱惑作用。

道家哲学讲着从虚无归于虚无的道理，佛教哲学则讲着从寂灭达到寂灭的道理，认为世界的存在不过是人们心中的幻影，本来空无一物，人只要看破红尘，追求寂灭，达到与空俱空的境界，什么苦也都没了。他们认为人类世界只是苦，只有脱离尘世，在空寂的境界中苦修下去，也即持续地静坐玄思下去，才有希望脱离苦界，达到无苦无乐的死的归宿。有的佛教派别专讲缘起缘落的学问，认为世界上能够看到感到的一切现象不过是因果缘法，因一定缘法而生，因缘法的消失而消失，没有任何实在，缘起缘落，空来空去，到头来什么也没有的。

所以佛教哲学既是一种虚幻无实的理念，也是一种迷惑人心的学问，知识分子一钻入佛学圈套，便再也冲不出去，思想很快寂灭，成为人中废物，正如我们说的吸食鸦片的害处是一样的。

对一般人民群众说来，佛教则抛开哲学，而另讲一套比较具体的教义，主要是生死轮回、因果报应那一套，阴曹地府、残酷折磨那一套，而且所编造的无数的宗教故事，无不阴森可怕，也愚痴丑陋之极。

用这样的宗教思想来塑造我们的民族性格，我们这个民族便深深地陷入惰性和弱性的深渊之中……

反佛斗争是我国历史上一件大事。

当唐代社会行将衰亡的时候，反佛斗争已经具有刻不容缓的性质。

这时最为幸运的第一件事，是当时的皇亲国戚们大都不是佛教信徒，而是道教信徒，和佛教处于敌对状态。在此说明一下，道教作为一个迷信团体，从来只在上层社会鬼混，在人民群众中影响不深，这时被佛教挤入一个有限的社会角落，不起决定性的作用了。

这时最为幸运的第二件事，是当时的中央政府仍然坚持以五经作为科举考试的课题，因而促使天下的读书人都要把注意力一直贯注在儒学（儒学也即儒教，以下不再用儒教一词）经典之中。在此说明一下，自汉代独尊儒学以来，儒学队伍一直被分为腐儒和通儒两个层次，这时腐儒越来越少，通儒越来越多了，而通儒大多数是反佛的。

这时最为幸运的第三件事，是荀子思想和孟子思想渐渐从儒学中抬起头来。

荀子思想中的积极唯物主义，即天道自然、人道有为和人定胜天思想导源于《易传》的三才人极思想。认为三才是天、地、人的总称，天地一体构成自然本身，而人生活在天地之间，作为天地间最具灵性的生命，具有改造天地自然和改进社会生活的伟大作用。

孟子思想中的积极唯心主义也是导源于《易传》的三才人极思想。认为在天、地、人三者的相互关系中，人为万物之灵，具有极为崇高的价值，但是在人的灵性之上，天作为一个精神实体具有极为高贵而且能够操纵人类祸福的巨大能力；认为人不仅具有智慧，可以用智慧的力量推动社会向前发展，而且人的精神还可以与天的精神沟通起来，以参与天地自然的化育工作；认为人可以通过修心养性，从天那里取得一种称作浩然正气的信息，把自己培养成为高尚的强健的敢作敢为的人。

荀子是三才唯物主义，孟子是三才唯心主义，二人思想相通的根子都是《易传》的三才人极思想。

三才人极思想实际上也是先秦时代学者普遍承认的思想，不过在他二人思想中表现得极为充分罢了。

荀子思想通过东汉王充的唯物主义、南朝范缜等人的无神论，在历史上时有闪现。到唐代行将衰亡的时候又忽然闪现出来，就是以柳宗元、刘禹锡二人为代表的《天论》思想。其实他们的思想水平并没有超越荀子，他们虽然具有改革思想，却拿不出高明的改革办法，他们的思想继承者们又都成为一代保守落后的政客，这种唯物主义又很快地消沉了。

和柳宗元、刘禹锡不同，韩愈却把孟子思想一下子高扬起来，扶持到儒学正统的地位，把孟子的尊天崇圣思想推崇到至高无上的地位，用中国传统的天道与神道信仰来和佛教信仰相抗衡，便具有巨大的号召能力。同时他还复兴了从尧、舜、禹、汤、文、武、周公、孔子以至孟子以来的道统，并且宣称自己上承孟子而来，继承着这个道统。

自从韩愈的新儒学问世以来，儒学的面目便幡然新颖起来，在伟大的反佛斗争中独当一面。

由于他的思想正好适应了那个时代的社会要求，他的名声也跟着大振起来，成为那时中国思想界的旗帜。

反佛斗争的时机终于来到了。

在韩愈以前，从魏晋南北朝以来，从佛教传入中国以来，这种斗争从来没有中断，而是分为两条战线不断地延续下来，到韩愈时代已经五百余年了。

一条是政治战线，这个时期的皇帝和贵族集团，除南朝外，大多崇信道教或者是不信佛道的儒者，他们主张三教并行体制，看到佛教无限制膨胀起来，便要实行抑制。在北朝的魏太武帝时代进行过一次声势浩大的排佛运动，把很多寺院封闭起来，把很多僧尼杀了，把很多佛经佛像毁了，给佛教一次毁灭性的打击，佛教一时沉寂下去了。但是由于魏太武帝的儿子文成帝信了佛教，佛教又得以发展起来。

大约百年以后，佛教便又成为严重危害国计民生的社会力量和思想意识，北周武帝被迫又进行了一次更加声势浩大的排佛运动，先后两次共把五万多座佛教寺院捣毁或封闭起来，把四百多万僧人强迫还俗去参加生产劳动，把寺院的土地财产全部没收归公。这次排佛持续五年之久，在整个北方一带把佛教灭得干干净净，但是在隋朝统一全国以后佛教又很快复兴起来。

在唐代初期也曾进行过排佛斗争，以后又加以扶持，致使佛教的泛滥成灾再次成为不可克服的习惯势力。

以上事实说明光靠政治上的排佛不仅无济于事，而且封建统治者对佛教的认识不会达到一致，佛教反而利用矛盾得到发展。

另一条是思想战线，从东汉时代佛教开始传入的时候，反对佛教的思想斗争便开始了。到南北朝时期，随着佛教在全国各地的迅速传播，反佛斗争便在知识阶层中时有发生，如南朝的儒学家何承天就曾领导过一次反佛活动，和拥佛的文人发生过多次论战；随后又有刘峻领导的反佛论战和范缜领导的反佛论战，直到隋唐这种论战的余波还在继续。

不过以上文人学士们的反佛言论，多是从华夷之分的观点出发，认为中国人不应该信仰外来的思想。实则人类的思想本来具有不分国界的性质，所以这种说法便没有很大市场，听的人寥寥无几，听过以后反而习以为常起来。

或者从无神论的观点出发，陈述一系列神鬼本来虚妄的论说，但理论水平有限，而且对于已经信仰了宗教的人来说，早已具有对抗无神论的思想准备。所以尽管反佛论战在知识阶层中持续不断，而老百姓还是成群结队地拥入佛门，去聆听僧侣们的说法。

以上事实说明光靠思想界的反佛论战实在抵挡不住佛教泛滥的势头，反而激起人们的逆反心理，为佛教的发展推波助澜。

公元 817 年，唐宪宗崇拜佛教，要把法门寺中的一块佛骨迎入皇宫来供养起来。在迎佛骨的过程中，长安城内发生了一次史无前例的宗教迷狂活动，其声势之大、迷狂程度之强令人听起来感到震惊。一时所有王公大人们、地主老财们、商人们、平民百姓们，几乎倾城出动，争抢着、喧呼着、拥挤着，把无数的金银财宝贡献出来，显得像要发疯发狂了一样；有许多人竟然把自家的所有田产卖光了来做贡献；有许多人竟然把自己的脸面用火烧焦了，把自己的胳膊用火烫成一个个伤疤，来恳求皇帝把佛骨的一部分让给他们供养。

啊，这简直可悲极了，这件事在当时的知识阶层中引起了强烈震动，以致韩愈冒着生命危险，挺身而出，向皇帝上书，公开提出反佛灭佛的意见。终于触怒皇帝，被贬逐到当时瘴疠流行的南海边上去了。

但是他的反佛思想在当时的思想界持续下来。以后不久，他的一个思想继承人当了宰相，另一个思想继承人当了皇帝，就是李德裕和武宗皇帝。他们又一次进行排佛运动，一举拆除了佛教寺院四万四千余座，强行驱赶僧尼还俗数百万人，解放寺院奴婢数十万人，没收寺院土地财产不计其数，对佛教又进行了一次毁灭性的打击，从此以后佛教势力便大大地衰退了。我们的国家终于没有变成一个纯佛教的国家，我们的民族也终于没有变成一个宗教迷狂的民族，这实在是一件可喜可贺的事。

在历次反佛运动中建立了不朽功业的皇帝们、宰相们、文人学士们，应该在历史上受到尊崇。

对韩愈一生的反佛兴儒斗争，我们应该作出完全肯定的评价。他在我们民族文化危亡的紧要关头所作的种种努力，对于后世以至我们现代这些人都有无可估量的价值。

他的功业之一，是反佛运动取得的一切成就。

他的功业之二，是把中国儒学从一种日渐衰微的病态中解救出来，给儒学的复兴和向前发展创造了条件。

在他以后，知识阶层的儒学研究确实活跃起来了，儒学成为知识阶层的主导思想一事确实肯定下来了，有作为的文人学士们不再弃儒从佛，开始创立新儒学，以图代替佛教成为全民的思想意识。

由于唐代很快衰亡和社会大乱等原因，这一愿望直到北宋时代才逐渐成为现实。所以韩愈进行的反佛兴儒运动，在实际上又是宋代学术发展的先驱，没有韩愈的反佛兴儒运动，宋代学术的繁荣局面就不会出现。

易哲学在第四次思想解放运动中的作用
（宋代后期）

唐代文化把中国引向一条动乱、分裂和破败不堪的道路，从唐代后期经五代十国，到北宋初期，大约持续了二百余年时间。

这是中国历史上继汉末和魏晋以来又一次最黑暗的时代，人民生活在愚昧落后和水深火热之中，盼望着新的统一繁荣时代的到来。

中国循环论思想的唯一优点，就是认为光明与黑暗交替往来，认为当社会黑暗到不能再黑暗的时候，光明就会到来。所以在黑暗时代后期便有许多英雄人应运而出，经过一番斗争后便有胜利者重新统一天下，便又沿着几乎相同的路线，经一段太平盛世，使经济文化和人民生活恢复发展起来；但在发展的同时埋下衰败的祸根，发展总是艰难的、短暂的，很快问题就来了，先是内忧，后是外患，把国家拖向衰落，再慢慢拖向衰亡。

当一个朝代代替一个朝代兴起的时候，总要吸取前代的经验教训，进行一番改革，希望自己朝代能够比较长久地统治下去，宋代也是这样。

其实宋代的改革从后周就开始了，后周的太祖郭威和世宗柴荣都是很英明的政治家，一先一后在整个北方地区进行的土地改革、经济改革、政治改革和反对佛教的宗教改革都收到很大效果。因而很快地国富兵强起来，为统一全中国的事业打下基础，也在抗击辽国的战争中节节胜利。

中国历史上有许多不幸事件，周世宗柴荣的英年早逝也是其中之一。

赵匡胤兄弟继承了周世宗的事业，虽然统一了南方一带，但在北方却面临着与辽和西夏三国鼎立的局面。同时他们兄弟没有周世宗柴荣那样进行社会改革的能力，所以宋代的政治、经济、文化和社会制度仍然模仿唐代。所不同的地方，在政治上和军事上进一步加强了中央集权，形成一种头重脚轻的局面，因而显得力量不足，在对外关系中长期地处于软弱地位，采用向番国服弱进贡的政策勉强维持了 120 年和平时间；在治国思想方面放弃了对城市的严格管理，实行着一种比较宽松的经济政策。

当然仅仅是放得较松，在实质上仍然属于重农抑商、重本抑末的性质。

但是这一放松便大大地鼓励了城市中的工商业者和科学技术专业者的积极性，加上和平的社会环境，北宋时代的工商业和科学技术事业都很快发展起来，达到空前发达的高度，成为继春秋战国而来我国历史上第二次工商业以快速度向前发展的时代。

依据历史记载，北宋国家的财税收入竟然超过盛唐20倍，可想而知远非盛唐可比。

中国人的创造精神竟然活跃到这种程度，只要统治者稍加放松，并有和平建设的时间，便像成群的龙一样飞腾起来，便创造出社会奇迹来。

他们有无穷无尽的创造活力，像《西游记》中的孙大圣一样，可以腾云驾雾直上九霄云外去大闹天宫，可以翻波涌浪直下万丈深渊去龙宫盗宝，可以在眨眼之间一筋斗超越万水千山，可以随心所欲地变化出任何形体，可以克服重重困难战胜无尽的妖魔鬼怪，多大的创造力啊！但是在实际上，他却被一个紧箍咒牢牢地束缩起来，每时每刻都要听从那个虚伪、懦怯而且思想非常顽固的唐僧的管制，只好跟在那个毫无创造精神的形象后面，一步一步地走去，日出而作，日入而息；而且跋山涉水，日复一日地、月复一月地、年复一年地过着颠沛流离的生活，接受迎面而来的似乎永远不会到头的磨难……

不知吴承恩写作《西游记》有什么深刻寓意，但在我们看来这不明摆着的事实吗？孙大圣就是中国人民的伟大的创造力的化身，而唐僧则是中国封建社会的消极官僚阶层的化身，而紧箍咒则是全面专制主义思想的化身。

孙大圣的巨大无比的创造力源于长达多少万年的修炼功夫，而中国人民的巨大无比的创造力源于长达多少万年的原始社会以来的传统精神。

因为这种传统精神已经铸就了中国民族的基本性格，这种基本性格一代代传递下来，成为民族意识中的潜在成分，一旦条件允许，便会觉悟起来。

在宋代的城市工商业得到发展的同时，农业也得到发展，土地兼并也跟着剧烈起来，农村失掉土地的农民为城市工商业提供了源源不断的劳动资源。

这本来是一件很好的事，但是这时土地兼并速度过快导致产生了两种不良的后果，一是农村失业队伍的形成、小规模农民起义和盗匪活动在全国各地滋生，成为直接破坏城市工商业的祸患，令各级统治者束手无策；二是农村中大地主阶级的形成并且通过科举考试的道路很快登上了政治舞台，成为当时的消极官僚阶层的坚实核心，使当时国家政策向着对地主阶级有利的方向倾斜，成为间接地破坏城市工商业的祸患。

这样一来，工商业的发展便越来越加困难。

适应这种社会形势，在北宋建国 70 年后，从工商业最为发达的江南一带兴起了以王安石为代表的新学改革运动，代表着工商业者的基本利益，以巩固国家政权、增加国家财力、限制土地兼并、制约大地主阶级力量为具体目的，一时成为风行全国的学术思想。但与此同时代表大地主阶级利益的传统儒学也很快兴盛起来，以大儒司马光为代表，在官僚阶层中占有绝对优势。

他们力主保守，反对任何形式的革新工作。

到宋神宗执政的时候，曾经起用王安石为宰相进行改革，收到很大效果，推动了工商业和科学技术事业的发展，稳定了农村形势，同时对科举制度和官僚制度也开始进行革新；而这一切都触犯了大地主阶级的利益，而他们的代表人物在官僚阶层中占居优势，这就形成北宋历史上有名的新旧学派之争，即革新派和守旧派的斗争，也即工商业资产阶级和地主阶级进行的阶级斗争。

由于当时守旧派的优势地位，由于皇帝的改革思想不够坚决，这次改革失败了。

但是由王安石等发动起来的思想解放运动却像从祖国东南吹向全国的一股强风一样，从此经久不息，从而在实际上鼓舞了当时已经产生的学术争鸣，促使从唐代以来时起时伏的反佛兴儒和创建新儒学的文化运动得到发展。如以周敦颐为代表的易学太极派，以张载为代表的易学关学派，以程颢和程颐兄弟为代表的易学洛学派，都像云开雾散，天上的群星忽然睁开眼来，一时学者之多，学术争鸣之盛，形成一种非常生动活泼的局面。

到南宋以后又有以朱熹为代表的易学理学派和以陈亮、叶适为代表的易学功利学派之间的论战和斗争，还有以朱熹为代表的易学理学派和以陆九渊为代表的易学心学派之间的论战和斗争。

我给宋代学术统统冠以易学的头衔，这是因为宋代的各种学术思想都是从《易经》哲学思想发源的。由于易经哲学的模糊性和不确定的气质，由于各学派的创始人出身不同、代表阶级利益的不同、对易经哲学取舍的不同、发展条件的不同、时代要求的不同、各自才华和思维方式的不同，等等，才形成他们之间出于一源却又各成体系的思想。

宋代学术和春秋战国时代学术比较起来，显得单调，总的可以归结在一个理学的系统之内，把周、程、张、朱、陆等统统包括进去，只把王安石的新学和南宋陈亮、叶适的功利学派排除在外。

理学和新学比较起来，具有浓厚得多的易学气息，但他们对易学的认识一般停留在传统易学的水平上，没有多少突破；而王安石在易学研究上虽然著述较少，影响也小得多，却突破了传统易学设置的重重障碍，一举发现了易学的一大奥秘，就是他的“新故相除”的理论。所谓新故相除，是对宇宙万物存在和发展进化中的二极律的认识，把二极律认识了，便在认识论上突破循环论的错误，继孔子之后再次发现宇宙万物存在和发展进化中的更新式发展运动的规律精神。

更新式发展运动是一个进化原则，是易学中一个重要的构成部分，是易学不同于道学的重要特色。自从战国后期易学输给道学再度沉落下去以后，循环论思想不仅被社会公认为普遍真理，连易学也被循环论包裹起来；从那以后，几乎没有一个哲人能够透过《易经》的字里行间看到这个道理，而这被王安石看到了。

能说这不是一件幸运的事吗？

但是王安石的哲学理论并没有发展成熟起来，因而不成体系，也不被当时和以后的哲人看重，又一次无声无息地沉落下去。

这又是多么不幸的一件事啊！

南宋时代的功利学派和理学比较起来，虽然理论简易，体系单薄，在学术论战中处于劣势，但功利学派主张的道器并存、王霸并用、义利并重、人道与功利并行以及极力推崇不被社会重视的功利主义和理性实用主义，等等，在哲学和政治伦理思想方面都具有易学的正统性质。

所以我们可以认为，从王安石新学到陈亮、叶适的功利学派代表着这时易学发展的正确路线。

北宋时代中国文化界一时面临着两个巨大的历史使命。

一个历史使命是为资本主义的新的社会形态的到来鸣锣开道，创建起一个为新社会形态服务的思想体系，为把新社会呼唤出来并且推向前进拿出一套最合适的哲学和政治伦理思想来。这在实际上只能是复兴古代的易学二元进化主义思想，王安石在学术上已经踏进了易学二元进化主义之门，但没有再向前走。虽然这样，他的改革运动仍然抓住了两大要害：一是为解决农村中土地兼并而做的一切努力，一是为改造消极官僚阶层而做的一切努力。

这一切努力的失败说明这个历史使命没有完成。

当时文化界面临的另一个历史使命，是创建一个新的能够和佛教思想抗衡并且取代佛教成为在社会上占主导地位的思想体系；这在当时只能依靠儒学，从儒学基础上发展起来，理学运动正是适应着这一社会需要的产物。

理学各派的创始人和继承人不管出身怎样，都极力反对新学，把王安石视为仇敌，即使在王安石执政时也公然不与合作，当王安石改革失败后无不欢喜雀跃，他们在政治上一窍不通。他们鄙视功利，也不热衷于功名富贵，只专心致志于学术研究。他们都是当时大地主阶级的代表人物，具有大地主阶级在政治上愚昧无知，在社会上专横和残酷无情的所有的性格特征。

理学的创建工作经历了北宋和南宋两个朝代，持续了一百余年时间。

理学的创建过程，实际上也是一个不断地反对佛教批判佛教的过程，也是一个不断地研究易学发扬易学义理的过程。通过理学家长期努力，不仅把自己的理学体系建立起来，同时也把佛教思想压抑下去了，至少是从知识阶层压抑下去了，知识阶层的思想从这时起便统一于理学的旗帜之下。

当理学被南宋皇帝扶持起来，被元代皇帝推上独尊地位以后，更进一步成为官僚阶层以至全部社会必须信奉的道理。

虽然理学思想的性质是消极的，全面专制主义的，是为早已腐朽没落因而更加穷凶极恶的地主阶级服务的，但它确实继承了中国传统的文化形式，而且它的一套理教形式能够代替佛教成为支配人们思想行为的道理。我国历史上的佛教化危机才终于克服过去，把一个具有理性精神的民族给我们保留下来，完成了历史使命的重托，实现了将近一千年来知识阶层的愿望，为韩愈以来的反佛兴儒运动画上了一个句号，虽然是个不够明智也不够完善的句号罢了。

在创建理学的过程中，周敦颐是个开创者。

他所写的《太极图说》是一篇援道入易的论文，只有二百多字，却为以后理学的发展定了调子。

他把道的观念引进来（在张载和二程那里又形成理的观念），置放在易学的二元化生思想的前面；又把一个五行观念引进来，置放在易学的二元化生思想的后面。这样一来，就以两个道学观念把易学思想夹在中间，硬要二元从一元（道、理、太极）产生出来，又硬要二元又产生出五元（五行）来。

这就破坏了易学原则，使易学的二元与进化失去联系，而二元与进化失去联系的结果，便必然地滑向循环论思想的泥坑。

所以周敦颐这个头引得不好。

在创建理学的过程中，张载和他的关西学派的易学唯物主义思想起着积极的建设性的作用。

张载思想大体上可以归纳为气与神关系的思想、阴与阳关系的思想、性与情关系的思想。

他的气与神关系讲些什么呢？

认为宇宙的本原是气，即像气一样细微的可以流动和变化的物，世界万物和人都是气化万物的结果，而神存在于气化万物的过程之中。他所谓气即物质本身，他所谓神即物质所以能够存在和发展变化的规律精神。这本来都是对的，但他却从这些道理中引出“气一分殊”的理论，把自然界和人类意识粗暴地统一起来，把千变万化的社会看成一个僵化体制，达到董仲舒说的“天不变道亦不变”的结论。

他的阴与阳关系讲的什么呢？

认为气分阴阳，因而气化成形的万物万事无不具有“一物二体”的性质。所谓一物二体是指阴阳、刚柔等二元性质的东西，也指新老、生灭等二极性质的东西，也指互为存在依据的一切东西，是一个比较空泛的理论范畴，正如西方哲学家所说“对立统一”是一个空泛的理论范畴一样。这基本上也是对的，但他又从阴阳转化思想出发，达到循环辩证的结果，和王安石比较起来，没有找到更新式前进运动的正确路线。

他的性与情关系思想讲的什么呢？

认为人的本性源于天地，天生是善美的，而人性还有气质的一面，即人生活中因为种种欲望可能变坏的一面，即气质之性。这本来也没有大的失误，但是在他看来，天地之性与气质之性作为人性的两个方面是不平等的，应该肯定天地之性，否定气质之性，因而得出“存天理、灭人欲”的结论。经二程进一步拔高起来，便成为理学的最恶劣的内容。

所以张载思想的落脚点都是很消极的。

在创建理学的过程中，以程颢、程颐兄弟为代表的洛学派的易学唯心主义思想起着关键性的作用，许多理学原则在他们的手中开始成形。

他们所创立的“天理论”把道学的道、佛学的佛性和儒学的天命结合起来，认为一切由天理造化而来，并且在天理的支配下发展变化；认为天理只是一个，又分给万物万事，所以理一分殊；认为所有事物都体现着天理，因而封建社会的三纲思想乃是天理在人类社会的表现形式，而且是唯一的表现形式，我国历史上的愚忠、愚孝、愚节思想都从这时候强化起来。

他们所创立的“性即理论”进一步论证了张载的二性学说，把张载的天地之性改为天命之性，只这一字之改便把人性中的一端推到绝对的高度上去。

他们所谓天命之性与气质之性，也就是我们所说的理性与情欲之分。二者显然是平行的，在实践上具有同样重要的意义。但他们却把这个理性提到天命的高度，认为人们应该用天命之性彻底践踏住气质之性，实则彻底扼杀人们的主体能动精神，以牺牲人们对幸福生活的追求作为稳定封建社会秩序的手段。

其残酷真叫人感到恐惧。

理学由南宋朱熹集其大成。

他从易学中继承了二元化生思想，并参照张载关于一物两体的系列论述，发展为“一分为二”的理论，认为世界万物万事无不表现为两个方面的相互依存，相互转化，形成内在的阴阳运动；

而又认为运动乃是向着原来的出发点的回归，就从易学思想出发走入道家思想的路上去了。

他从道学中继承了太极和阴阳五行思想，和周敦颐一样，也把一个天理或者称作太极的东西置放在阴阳二元之前，也把五行置放在阴阳二元之后，把二元化生思想夹裹起来，变成一个只能故步自封而不能发展向前的理论。

他从董仲舒学说中继承了一端论辩证方法，和张载、二程同样从一些正确的二元哲学原则出发，通过抬高一端、压低一端，肯定一端、否定一端的论证，达到唯德论的极端。

他从北宋理学中继承了“存天理、灭人欲”的说法，又进一步提出“灭尽人欲”的绝对原则，欲把人的一切创造精神灭得干干净净。

他从传统儒学中继承了反民主、反科学的思想，把代表封建专制主义的三纲思想抬高到无以复加的理的高度，在他思想中嗅不到丝毫的人道气息。

他从韩愈学说中继承了道统思想，也以道统继承人自居，自我封闭起来，为后世的文人学士们树立了一个十分倒霉的榜样。

这样说来朱熹所创建的理学是太阴暗了。

确实如此，阴暗是他的理学思想的特色，也是他的性格特色；他取名晦翁，又铭其寓所为晦庵，晦，很阴暗的。他的学说为之服务的地主阶级发展到南宋时代已经彻头彻尾腐朽了，在他们眼中看来，这个世界上再也没有光明。

易哲学在第五次思想解放运动中的作用
（明代后期）

理学被南宋皇帝扶持起来，被元代皇帝推上独尊的地位，到明代开国的时候已经成为全民一致的习惯势力。

明太祖朱元璋是个大老粗，同时是个大恶棍。他要把国家政权紧紧抓起来，连宰相和将帅都不要了，把好几万开国功臣都杀了，政府由他一人说了算，军队由他一人说了算，确实是空前专制。为了不让朝臣和京城里的官僚们有反对皇帝的可能性，竟然独出心裁发明了一种特务制度，吓得官员们屁滚尿流。为了不让读书人有反对皇帝的可能性，便在全国范围内兴文字狱，吓得读书人从早到晚的战战兢兢。为了不让全国百姓有犯上作乱的可能性，他也看重理学，把理学推上更独尊的地位。依据理学原则发明了一种叫做"八股文"的文体，叫天下的读书人只用这一种文体参加科举考试，把读书人的思想牢牢地束缚起来，通过读书人再把老百姓的思想牢牢地束缚起来。

到明成祖的时候又召集来许多理学家编修《五经大全》，作为天下读书人的唯一课本，谁不读《五经大全》，谁不会"八股文"，谁就别想考取功名。这样一来，不仅把天下读书人赶入科举考试的羊肠小道，又把科举考试赶入八股文的羊肠小道，又把八股文赶入《五经大全》的羊肠小道。理学的地位越来越高，而理学的发展道路越来越窄，终于被堵塞死了，从理学中再也流淌不出一点有价值的思想了，理学变成理教，理也变成一种莫明其妙的神。

理教信仰主义仍然以《五经》《四书》为依据。不过他们学习经书的方法不是从经书本文中理解意义，而是通过朱熹等人的注解。注解上怎么说，他们就怎么信从，不结合任何实际、不做独立思考，只是盲目地不断地读着。

他们虽然熟读《易经》，但是对于《易经》的二元进化主义思想毫无所知，对于世界在不断发展进化的哲理一窍不通。

他们虽然熟读《书经》，但是对于《书经》的民本主义思想毫无所知，对于从事政治必须以民为本的道理一窍不通。

他们虽然熟读《诗经》，但是对于《诗经》的自由解放精神毫无所知，却依据朱熹等人的注解把一系列民歌和情歌理解为对统治者歌功颂德。

他们虽然熟读《礼记》，但是不明白礼仪乃是时代的产物，也不明白礼仪必须跟随时代不断改进的道理，只是抓住那些陈腐得发臭的、烦琐得可怕的、苛刻得可恶的规则死死不放。

他们虽然熟读《春秋》，但是不晓得以史为镜来促进社会发展，只是紧紧抓住《春秋》的褒贬寓意，从中发掘忠君事上思想，为推行三纲思想寻找历史依据。

他们虽然熟读《论语》，但是对于《论语》中的人道思想无动于衷，而一味求索那些亲亲为仁的词句，把孔子的博爱思想圈进家族和宗派的小圈子里去了。

他们虽然熟读《大学》，但是对于《大学》中的为天下人建功立业的思想无动于衷，而只是抓住修身齐家的片面道理，把古代圣人的功利奉献精神也圈进家族和宗派的小圈子里去了。

他们虽然熟读《中庸》，但是对于《中庸》中的敬业精神无动于衷，反而把敬业精神理解为不图进取。

他们虽然熟读《孟子》，但是对于《孟子》中的王道和个性解放思想无动于衷，却抓住孟子的性善学说，把性善理解为弱性慈善。

因为以上原因，他们虽然熟读经书，但其实只抓住了其中的落后成分，他们也就一代比一代更加顽固，也更加故步自封。

随着理教信仰主义的不断僵化和愚昧化的结果，明代的消极官僚阶层跟南宋以来的消极官僚阶层一样，比汉唐社会的消极官僚阶层更加速快地腐化堕落起来。

随着消极官僚阶层加速腐化堕落的结果，他们利用理教信仰主义，在文化领域压制一切、裁判一切、打击一切被他们视为异端邪说的进步思想；在社会领域压制一切、裁判一切、打击一切被他们视为犯上作乱的行为，用理教的死硬教条把社会禁锢起来，而且禁锢到无微不至和无孔不入的程度。

但是他们没有想到这时江南一带的工商业又慢慢复兴起来，工商资产阶级又慢慢成长起来，一个新的社会形态在封建社会母体内已经孕育而且发展起来；而新的社会形态和新的阶级一定要用新思想装备起来，才能克服前进中的障碍。他们也实在没有想到这时一套新思想在理教的母体内孕育而且发展起来了。这就是从江南忽然发起的以王阳明为代表的心学运动，以全新的理论形式，以锐不可当的气势一下子席卷全国，闹得理教阶层和消极官僚阶层同样地束手无策，一场思想斗争在全国开展起来。

王阳明心学源于南宋时代陆九渊的心学，而陆九渊的心学源于战国时代孟子的心学。

孟子的心学是适应着当时社会的资本主义社会萌芽的需要发展起来的，当秦汉以后这种萌芽衰退了的时候，孟子的心学就被社会冷落了。

陆九渊的心学也是适应着当时社会的资本主义社会萌芽的需要发展起来的，当南宋以后这种萌芽衰退了的时候，陆九渊的心学也被社会冷落了。

王阳明心学思想也是适应着当时社会的资本主义社会萌芽发展起来的，代表着资产阶级为发展工商业开拓新路的强烈愿望，所以具有强烈的革命精神。

从哲学根源上看，心学导源于易学的三才人极思想。我们从三才人极思想已经归纳出主客律和客主律两大辩证规律，主张主体对客体世界的主体能动作用，认为主体的能动作用是作为主体的人能够认识世界、顺应世界和改造世界的依据；在此同时也主张客体世界作为系统对于本系统的所有主体（个体）的扬弃作用，认为系统只有通过这种扬弃作用才能存在和发展下去。

易学思想总是从两方来看问题，反对强调一方、忽视一方，肯定一方、否定一方。而孟子的心学思想却仅仅捉住主体一方大做文章，认为一切可以认识的知识本来存在于人们心中，他把这称为良知，又把良知看成不学而能的东西。他说过“万物皆备于我”的话，但没有进一步多加解释，在他以后便成为历代学者疑惑不解的哲学课题。

到南宋的时候，陆九渊又把这一哲学课题提起来，从孟子的“万物皆备于我”出发，发展为他的“吾心即是宇宙”的心学理论；认为人有千万，同具一心，古往今来，人同此心，宇宙万物存在于我（我们）的心中。

到明代中期，王阳明又继承这种哲学思想，从陆九渊的“吾心即是宇宙”出发，发展为他的“心外无物”的心学理论，认为“心外无物、心外无事、心外无理、心外无义、心外无善”，一切存在于自我心中；认为心即理，理本来在人心中，无须外求；从这出发他又创设了一套“致良知”的思想方法来与正统理学相抗衡，主张发明本心理性即可以认识一切。这样就否定了以往一切圣贤的权威性，同时也就否定了以往一切经典的权威性，认为人为天地之心，在天、地、人三才关系中居于中心地位，具有独立自主的创造作用。

心学体系把宇宙本体、辩证法和认识论统统用一个心的实体包容统一起来，和西方哲学家笛卡儿的唯我论一样是一种绝对主观唯心主义思想。也和笛卡儿的绝对主观唯心主义一样适应新的社会形态的需要，给当时社会的旧思想致命一击，把人们从盲目迷信的忘我状态中唤醒过来。

王阳明心学思想对当时社会的知识阶层确实起到了促其思想解放的伟大作用。

在他以后，他的思想经泰州学派进一步发扬起来，大大推动了这次思想解放运动，促使工商业进一步繁荣起来、科学技术进一步发达起来。这时科学技术发明之多、科学著作发表之多，都达到空前程度。

由于政治上日益专制和消极官僚阶层日益腐化堕落的原因，国家政权对农民和工商业者的压榨剥削也日益加重起来。由于城市工商业的发展，资产阶级、雇佣阶级和为资产阶级服务的知识阶层日益扩张。由于他们要求革新的愿望日益加深和心学运动日益普及等原因，促使江南一带城市人民反封建反压迫的斗争日益强烈，使明代后期具有不同于以往朝代的特色。

资产阶级和它的知识阶层继战国时代之后又一次觉悟起来，试图改变自己被动的社会地位，争取获得一种和封建阶级分庭抗礼的权利，为开创一个新社会铺平道路。

但是他们没有想到中国的消极官僚阶层无可救药的性质，工商业越是发展，民间可榨取的财富越多，他们的腐化堕落也越来越不可制约。

尽管资产阶级已经觉悟起来，但还缺乏组织起来与封建阶级进行斗争的经验。尽管心学运动震撼了知识阶层，但还没有深入民心，而且心学思想的局限性也很快暴露出来，证明它并不具有推动社会继续前进的能力。尽管心学发展为轰轰烈烈的学术运动，在南方一带涌现出无数的时代英才，面对着日趋腐化堕落的明代社会，谁也不晓得该怎样予以治理。尽管在王阳明以后张居正进行过一些改革，面对扑面而来的大灾大难，改革简直是无济于事。尽管南方一带的工商业和科学技术事业在逆境中进一步发展起来，尽管南方一带的知识阶层在逆境中进一步觉悟起来，成群结队地走上救亡图存的道路，但北方一带的农民起义却来得更加迅猛，像从原野上刮起的阵阵飓风，把所到之处扫荡一空。

到这时候，以皇帝为首的消极官僚阶层心里所想的只是怎样镇压农民，怎样筹集镇压农民所需的大量金银，要他们不向城市工商业者伸手是不可能的。工商业和城市经济的破产便成为不可避免的一件事情，一场学术运动也因此趋向衰落。

以上事实说明，王阳明心学思想虽然起到了很大作用，把很多人从理教信仰主义的囚牢中解放出来，但没有指给人们一条正确的前进的路；王阳明本人也是一个封建伦理的保卫者，他的思想能够起到这样巨大的反传统的作用，是他始料未及的事情。

这是因为，心学作为绝对主观唯心主义思想表现为一种新奇的认识世界的方法，在当时中国的知识阶层被理教信仰主义压得喘不过气的时候，在人们只知盲从理教不明白主体精神价值的时候，在人们只知盲从圣贤不晓得独立思考的时候，向人们指出了作为主体的心的伟大存在，指明了人的主体精神比之理教教条更加丰富多彩的道理，号召人们抛开传统的成说和圣贤的经典，用独立思考的方法进行分析。王阳明虽然是要人们从独立思考中分析出三纲思想的意义，但人们一旦独立思考起来、判断分析起来，首先想到的不是三纲思想，而是与自己利害攸关的许多问题；不是圣贤遗训，而是眼前摆着的许多难题，也即现实存在而且急待解决的问题；不是忠君报主，而是自我的功业怎样发展前进的问题；不是王公大人，而是自己周围的社会关系，也即身在其中的人民群众怎样生存下去的问题。

总而言之，很少有人按照王阳明所指的方向去想，而是各想各的，归根结底想到的只是实际。这样一来，王阳明的绝对主观唯心主义便很快趋向破产。

在王阳明以后继起的以王艮为代表的泰州学派就是这样，主张凡事依本心而行，结合实际和人民群众的“日用条理”，走自己应走的路。这就在实际上离开了绝对主观唯心主义，发展成为一种可以称作主观实用主义的认识方法。

主观实用主义究竟还是主观主义的，虽然这种思想已被文人学士们掌握起来，比如南明朝廷收拢的很多英才，他们反清复明和保卫江南社会经济的抗战斗争原则上都是对的，但都对当时的社会性质认识不足，政治策略依旧因袭传统的陈规陋习，因而没有把人民发动起来，也没有把消极官僚阶层振奋起来。

因为这样，当南明政权归于失败，清代政权统一全国以前，在那个新旧政权交替而新政权尚未站稳脚跟的时候，在清代的文化专制主义尚未到来的时候，一次新的文化复兴运动在南方一带又很快地兴起。以王夫之、顾炎武、黄宗羲为代表的一批学者，总结了明末学术衰落的教训，克服了王阳明的主观唯心主义和泰州学派的主观实用主义的不足，把学术运动推向理性实用主义的正路，继春秋战国之后实现了我国传统易学的理性实用主义精神的回归。

他们中以王夫之成就最大、著述最多、精神最佳，是我国历史上继《易传》作者之后的最大的易学权威。他的学说承前启后，代表着这时思想解放运动的成果。

他否定了道家有生于无的说法，也否定了佛家空来空去的说法，也否定了阴阳五行等等杂七杂八的许多说法，深刻论证了世界的物质性质。他和张载同样把物质称之为气，认为气充塞宇宙，没有任何空虚的地方；认为物质不断地变换形态，但终于不会消灭；认为一切物质无不被分为阴阳二性，正是由于阴阳二性的作用，才形成事物的内在运动。

阴阳并行理论是《易经》思想的主要成分，但从秦汉以来这思想常被曲解，形成诸如阳尊阴卑、阳贵阴贱、阳正阴邪、阳明阴暗、阳正阴反等错误观念，形成汉代以来一端论、循环论、唯德论的理论习惯，铸成无数的错误思想。宋代理学虽然重视阴阳并行理论的重建，如张载提出的“一物两体”说、朱熹提出的“一分为二”说，都像有所认识。但终于未能突破阳尊阴卑的习惯，一物两体也罢，一分为二也罢，总要抬高一方、压低一方，肯定一方、否定一方，最后仍然回到一端论、循环论、唯德论的老路上去，在政治伦理方面也就不能突破全面专制主义的罗网。

王夫之哲学的优势之一，是他提出了“乾坤并建”的哲学原则，一反几千年来阳尊阴卑的习惯，确立起阴阳平等的思想观念。所以是一次巨大的思想革命，是当时新的社会形态萌芽和新的阶级力量所要求的。

王夫之哲学的优势之二，是他批判继承了宋明理学中的太极的观念，发展为一个可以称作太极系统论的思想。我们知道，朱熹所谓的理即太极、宇宙为一太极、万物各有一太极包藏其中的理论是从道学的道演变来的；朱熹把太极放在阴阳二元之前，认为阴阳二元从太极中产生出来，把所谓太极推至造物主的地位。《易传》中说，“易有太极，是生两仪”，从字面讲好像朱熹是对的。但王夫之对《易传》的研究重在推理，能够透过字面看到更深刻的寓意，因而断然否定了太极生两仪的说法；认为这个“生”字应该做分字讲，认为太极中包容着阴阳二性，阴阳异体而又同在于一个系统之内；认为所谓太极并非阴阳之母，而是阴阳异体的事物共存其中的系统。这在他那里称作“合撰”。

王夫之哲学的优势之三，是他创建了他的新的辩证方法，也同王安石一样发现了新陈代谢的规律，他说：“天地之德不易，天地之化日新”，又说，“推故而别致其新”，否定了循环论证的习惯，阐明了事物的发展运动乃是向前向上的不断更新进化的过程。

这一进化论的规律的发现具有非常重大的哲学意义。

王夫之的认识论别具一格，基本上反映了易学思想，形成一个新的思想体系。

其实他的认识论也是古道翻新，是把《易传》和先秦诸子中的认识论搜集起来、联结起来的结果。也可说是对《墨子》《管子》《荀子》《韩非子》和《吕氏春秋》等书的认识论的继承。

而以上诸书的认识论无不源于易学。

易学的认识论，我在前面已经归结为摄取论、扬弃论、求实论、趋时论四大原则。

王夫之的认识论正是这样。

在摄取论方面，强调人主体在认识过程中的主动作用。

在他看来，一切客观事物虽然能够通过人的感觉器官反映到人的心官上来，如果心官并不想接收它们，便会视而不见，听而不闻，感而不知；只有当人的心官愿意接收它们的时候，它们的反映才能进入，形成感觉；而只有当人的心官为完成某种认识任务而自觉摄取的时候，那些被摄取的事物才会进入人心深处，成为知识。

在扬弃论方面，王夫之提出从“见闻之知”向“心知”过渡的理论。

见闻之知难免具有片段性、片面性、表面性、局限性的缺点，是些杂乱无章的知识素材；只有经过心官的思维作用，去粗取精，去伪存真，才能形成比较正确的认识，进入主体意识系统中来。所以思维也即从见闻之知向心知过渡中的扬弃作用，而扬弃作用是由人的主体意识系统进行的，也即是由人的原有知识系统进行的。所以扬弃过程中必然要把人的全部知识一齐动起来，在实际上形成新旧知识的重新组合，并在重新组合中产生新的认识。人的认识一旦完成便进入实践过程，他说：“知之尽则实践之而已，实践之乃心所素知。”意思是说，人们认识了的道理要付诸实践，只有通过实践才能证明认识是否是正确的。

在求实论方面，王夫之重视实践，也主张实事求是，他说“盖格物者，即物以穷理，唯质测为得之”，认为要明白一件事的道理，便要做实际的调查研究工作。

实事求是是我们民族精神传统中一件法宝，是易学理性实用主义的核心，但从秦汉以来这种精神衰落了，在学术领域和政治领域的影响越来越少；只在兵家学说和军事斗争中依旧存在，因为那是在生死攸关，如不实事求是，便有迅即被人消灭的危险；而在政治领域则少有这类危险，而在学术领域因为唯德论的统治，反实事求是的思想方法虽然铸成了无尽恶果，仍然代代相因而未能觉悟。所以我们应该认为王夫之关于实事求是的论述，虽然并没有十分成熟起来，已经是一了不起的成就，即使他在其他方面并无成就，只这一点也就功不可没了。

在趋时论方面，王夫之提出系统的理势思想。

认为理是事物的发展规律，势是事物发展过程中形成起来的特殊形势。人们认识一件事物，既要把握它的基本规律，也要把握它的特殊形势，做起事来才能利用其规律，也利用其形势；仅仅认识了它的规律，而未能认识它的形势，做起事来便达不到顺以求成的效果。所谓形势，也即《易传》所说的“几”和“时”的意思。所以他又提出“几不可逆，时不可违”的论断，教导人们见几而决，趋时前进，告诫人们不可在时机未成熟的时候冒失进取，也不可在时机已过的时候纠缠不息。

但是，王夫之对于学术研究方法论究竟还说得不够准确，在这方面顾炎武的调查归纳法可以作为补充。

顾炎武一生的治学方法以追求真实为主要特色。在他看来，任何一件事、一件道理，都不能依据传闻得来的间接材料，而要亲自到实际中去，到群众中去，到现场中去，到原始记录的文献中去，把原始材料搜集起来，而且搜集得越多越好。在把材料搜集起来以后，再进行分类整理，从分类整理中发现问题，一件一件做具体的分析研究，从中求出具有规律性的东西来。

显然这是一种十分合理的学术研究方法，既可用于研究社会，也可用于研究科学，即使和英国培根的实验归纳法相比也没有什么逊色。他的活动年代也和培根差不多，可见当时（17 世纪初）我国的社会形势和思想形势与西方有着相同的地方。

同时应该指出，王夫之思想中的历史进化观念也是十分浓厚的，但是对于民主政治的论述显得不足，在这方面黄宗羲的民主理论可以补充一些。

王夫之的民主倾向主要表现在对宰相权力的重视，通过君相分权达到相互制约的目的，而对君主统治和封建专制主义仍然有些糊涂观念。而黄宗羲却能提出天下为公和君臣君民平等的思想，虽然也说得不够明确，而在那种君权至上的时代能说出这些话来，必然能在黑暗中火花四溢。

我国从中古以来文化传统中缺少着两样东西，一为科学，一为民主。到明末清初，王夫之阐明了易学的二元进化主义哲学，并且从中引出民主和科学的倾向来；在此同时又有顾炎武在科学研究方法方面、黄宗羲在民主政治方面进行补充。三个人的学说合在一起形成的思想势头，足可以启发人们的反封建争自由的精神，把由王阳明心学开动起来的思想解放运动推向前进。

易哲学在第六次思想解放运动中的作用
（清代后期）

大体说来，明代政治是元代政治的继续，只是少了一层民族压迫的枷锁；清代政治是明代政治的继续，只是又多了一层民族压迫的枷锁。所以清代的政治专制主义和文化专制主义表现得更加残酷，明末清初以来从南方一带兴起的新的文化运动很快夭折了。

清代的开国盛世，从康熙以至乾隆的一百年间，不断地打击、迫害和杀害知识分子，把具有独立思考精神的知识分子视作洪水猛兽，一定要镇压下去。这种情况也跟明代初期差不多，跟汉代以至明代以前各朝代有所不同。

这是为什么呢？

这只能跟秦代镇压知识分子的事相提并论，才能够解释清楚。

我们知道，战国时代的关东一带都是资本主义萌芽经济蓬勃发展的地方，那里的知识分子一般说来具有比秦国人先进的思想意识，也即发展工商业和科学技术事业把社会推向前进的思想意识。而秦国是个地主阶级专政的国家，在它兼并六国统一天下以后也是一样，目的只是维护地主阶级的利益；既要维护地主阶级的利益，就要压抑工商业资产阶级，对于代表工商业资产阶级利益的知识分子的镇压就成为不可避免的了。

这就说明，历史发展到明清两代，再次出现跟先秦时代同样性质的经济发展形势和阶级斗争形势。一方面，在社会下层，资本主义萌芽经济不断成长壮大起来，为新社会鸣锣开道的思想队伍也不断成长壮大起来，成为一支要求革新进步的巨大力量；另一方面，在社会上层，地主阶级和它的消极官僚阶层（包括君王在内）牢牢地把持着国家政权，形成极为顽强的保守势力。

和明代一样，他们也独尊理教，以理教信仰主义统治人民；也实行以理教为内容以八股文为形式的科举考试制度，以收拢天下读书人来补充官僚队伍；也推崇繁琐哲学的治学方法，把一代代的最优秀的才子们赶入考据古籍的羊肠小道，把他们的聪明智慧禁锢起来。

和明代一样，他们也不肯正视现实社会已经发展到资本主义经济萌芽的时代，仍然推行重农抑商的传统政策，不叫工商业顺利地向前发展，不叫任何新思想抬起头来。也都不肯睁开眼睛来看看世界各国已经发展成什么样子，他们宁肯闭目塞听，自我陶醉于国内的有限成就，把对内的长期镇压和对外的长期封闭结合起来，使中国的政治文化越来越不合世界潮流，使中国经济和世界强国的经济相比越来越落在人家后面。

这一过程持续了二百余年之久，可见清代的皇帝们和他们的消极官僚阶层已经愚昧到何种程度！

在这期间有两股强大的思想潜流在社会的底层流动着，而且愈流下来愈宽广，愈是浩荡。其一是王夫之的易学进化论思想，其二是传统的大同均平思想；易学进化论思想主要流传在知识阶层中间，大同均平思想主要流传在工农劳动人民中间；易学进化论思想代表着自古以来的功利主义传统，大同均平思想代表着自古以来的人道主义传统。

我们知道，人道主义与功利主义的阴阳并行是易学的政治伦理思想的根柢，在上古时代原是不可分离的两仪；但从春秋时代开始分裂，在战国时代学术争鸣运动中进一步趋向分裂，从此以后便作为相互对抗着的思想长期流传下来，到清代还是这样。

历史发展到鸦片战争时代，当国内外一切矛盾对立加剧起来逼得中国无路可走的时候，首先应运而出的便是王夫之的易学进化论，由以魏源为代表的学者们继承下来，发展为“经世致用”思想。一反繁琐考据的消极传统，提倡以现实社会作为学术研究对象和学术研究要为现实社会服务的方法。

这在当时具有划时代的意义。

他们以魏源思想为中心形成为一个体系，像黑暗社会中闪现的一片火光。

他们著书立说，把矛头指向封建专制主义和消极官僚阶层。他们先后提出一系列改革政治和发展工商业经济的办法，使朝野上下感到震惊。

他们主张抗击侵略，正是在他们的鼓吹下实现了禁烟运动，并且在鸦片战争中屡立战功。

在鸦片战争以后全国上下陷入一片失败情绪的时候，唯独魏源作为一个思想家心明眼亮，能够看到中国的出路在于“师夷长技以制夷”，在中国近代史上首先提出了向西方学习的口号。

这在当时也具有划时代的意义。

与此同时，大同均平思想的潜流通过遍及全国的农民起义显出无限活力，尤以川、陕、鄂一带和北方一带的农民起义影响最深。

我国历史上的农民起义大都提出过均贫富的纲领，在起义过程中也都具有强烈的阶级友爱精神。

清代的农民起义也是这样。

清代农民起义继承了汉代黄巾起义的宗教色彩，更加重视人道博爱思想的建设工作，设法用一种新的宗教信仰来统一起义队伍的思想，以增强他们的战斗力量。

太平天国革命的道路也是这样。

尽管太平天国以后失败了，但太平天国将士们的战斗力始终没有衰退，说明大同均平思想具有极为强大的号召能力。

洪秀全在此基础上提出了一个叫做《天朝田亩制度》的农业社会主义纲领。

尽管这一纲领当时并没有认真地推行起来，但是从这以后，《天朝田亩制度》思想，也即寄托于《天朝田亩制度》中的社会主义理想便在中国大地上扎下根来，鼓励人们向着共同富裕的方向前进。

尽管这一纲领充满着不切实际的幻想成分，因而不具有实用价值；但作为一种理想则是伟大的，作为一种社会原则具有永久的实际的意义。以后又和西方民主主义相结合，成为新的思想，在当时的思想界流传不息。

太平天国以后，由魏源倡导的向西方学习的思想开始深入人心，同时也深入到上层统治者心中。他们被迫睁开眼来，看到西方世界确实有着强大的坚船利炮、高明的科学技术；认识到要保持他们的封建统治，必须学得这些科学技术，也制造出跟西方一样的坚船利炮来，所谓“师夷长技以制夷”就是这个意思。

他们开始组织人力物力，兴办军工企业，因此又需要培养科技人才，兴办学堂就成为不可避免的了；为了提高科技水平，还不得不派许多留学生到西方各国深造，历史上把这许多事称作洋务运动，把兴办这许多事的上层官僚称作洋务派。虽然他们的目的只在于造出坚船利炮来，保持他们的封建统治，但这究竟为中国开启了一线生机。如果不是这些上层人先动起来，率先走向世界，那么下层社会的革命活动将始终因循习惯，不可能提高起来，所以对于洋务运动应该给予肯定的评价。这是魏源思想的一个成果，因而也是王夫之的易学进化论思想的成果。

办起洋学堂，就得讲授西方的科学知识，而中国文化传统中正缺少这种知识，现在补充进来了。

这是破天荒的壮举，也是洋务派不可磨灭的功绩。

派留学生到西方世界学习科学知识，当他们回国以后，不仅带回来科学知识，同时带回来民主意识，促使当时的知识阶层两极分化，一极坚持洋务派的“师夷长技以制夷”的主张；一极却认识到中国要强盛起来，不仅要制造坚船利炮，还要推行民主，而民主正是中国文化传统中所缺少的东西，现在补充进来了。

这也是破天荒的壮举，是洋务派人士始料未及的事情，他们后悔也罢，不后悔也罢，再也来不及了。人们的思想一旦觉悟起来，他们能有什么办法抑制呢？

把科学知识引进来，也把民主意识引进来，科学知识对理教信仰主义起着否定作用，民主意识对封建专制主义起着否定作用，主张用民主和科学改造中国的人越来越多了，自然形成学派，以后称作早期维新派，他们的活动被称作早期维新活动。他们并没有组织起来，也没有开展过有组织有领导的斗争，但是他们上承魏源等人的经世致用思想和洪秀全等人的社会主义思想，下启康有为等人的维新思想和孙中山等人的革命思想，起到思想过渡作用，在历史上也有不可磨灭的巨大功绩。

这一过程大约持续了半个世纪，在此期间洋务派和早期维新派之间的斗争主要在学术领域争论不休。

为了反对维新思想，洋务派提出“中体西用”的学术主张，认为中国的封建专制制度远远地超过西方，认为中国的理教信仰主义乃是万古不灭的真理，天不变道亦不变，可以改变的只是科学技术方面一些实用的东西；认为中国传统学说像人的身体一样是最根本的，而西方学说仅仅作为应用，所以叫中体西用。其实“体用”一词的意义是说任何事物有它的本体结构，从结构产生作用，不同的结构产生不同的作用，体和用原是个统一概念，什么体有什么用，体用不离，所以洋务派提出的中体西用实则是个很糊涂的观念。

洋务派这样坚持己见维新派是不服的，一切具有易学进化论思想的读书人也是不服的，这就形成中学和西学之争。洋务派坚持着“中学传统”，把中学传统吹捧得神乎其神。由于洋务派当时具有统治国家的权力，因而具有统治人们思想的能力，他们的中体西用思想便在思想界占据统治地位，发展成为一种盲目的信仰中学、排斥西学的思想逆流。

我想我们把这称作“中学信仰主义”是恰当的。

中学信仰主义是理教信仰主义在新形势下的变种，实质上还是理教信仰的一套货色。因为他们所谓中学全是董仲舒以来的一系列消极落后思想，至于易学思想、孔学思想、墨学思想、管学思想以及纵贯古今的革新进步思想，在他们的中学中并无立脚之地。

反对中学信仰主义的斗争，随着洋务运动的破产，在甲午战后很快地推向高潮，就是达尔文进化论思想传入进来掀起的高潮，而且这高潮一掀起来便经久不衰。

是严复把达尔文进化论思想介绍进来的。

他翻译和创作了《天演论》一书，把达尔文的自然界在不断发展变化的思想，物种在不断从低级向高级进化的思想，物竞、天择、适者生存的个体竞争思想和系统扬弃思想原原本本地介绍进来，同时结合我国传统易学的三才人极思想，强调人的主体意识以及这种主体意识的能动作用。达尔文进化论思想建立在坚实的科学基础上面，以无可怀疑的科学事实为依据，所以具有无敌的说服力量。一时思想界沸腾起来，无论维新派、革命派，都拿进化论思想为武器来反对中学信仰主义。

在此同时，严复还翻译和发表了大量文章，把法国的天赋人权论和英国的经验归纳法介绍进来，与进化论思想一体构成他的西学体系。

这样一来，进化论思想很快冲垮了中学信仰主义中的董仲舒思想体系，彻底否定了他的天不变道亦不变的谬论；经验归纳法很快冲垮了中学信仰主义中的程朱理学体系，彻底否定了他们的天理论先验论的谬论；天赋人权论很快冲垮了中学信仰主义中的君主专制思想，彻底否定了君权神授的谬论；以进化论为核心的科学思想体系也很快冲垮了中学信仰主义的伦理本位思想，人们开始用科学思维代替伦理思维成为治学的根本方法，中学信仰主义从此衰落下去了。

这真是一次翻天覆地的变化，是当时思想界一场革命，并且对此后的革命产生极为深刻的指导作用。

达尔文进化论思想是19世纪英国资本主义发展时代的产物，当进化论思想发表的时候，也收到轰动效应，同时反对者风起云涌，使进化论思想的传播困难重重；虽经几代人一再努力，终在思想界只占到一席之地，远远不及传进中国来这样所向披靡。

这是什么原因呢？

我想大家一定都会想到这时流行着的王夫之的易学进化论思想、顾炎武的调查归纳法思想、黄宗羲的民主倾向思想、魏源的经世致用思想、洪秀全的社会主义思想。

正是因为我们自己传统中本来就有易学进化论的思想，所以达尔文进化论一传进来，便一拍即合，很快收到一呼百应的效果。

正是因为我们自己传统中本来就有调查归纳法，所以英国经验归纳法一传进来，便立即大受欢迎。

正是因为我们自己传统中本来就有民主倾向和社会主义思想，所以天赋人权论一传进来，便很快成为维新派和革命派共同为之奋斗的政治目的。

正是因为我们自己传统中本来就有经世致用思想，所以以进化论为核心的科学思想一传进来，便在中国土地上扎下根来，很快成为中国人自己的基本意识。

清代后期资本主义萌芽经济日益发展起来，中国理教传统和西方学术思想日益碰撞起来，中国传统思想中的进化论思想和大同均平思想日益融会起来，中国知识阶层的变法图强的积极性日益高涨起来，说明历史发展到这个阶段，一个不同以往的新社会已经在封建社会母体内孕育成形。所以为新社会创建一套新的思想形式来，便成为从这时开始中国学术界一项伟大的历史使命。

具有这种使命感的学者们都重视历史研究，努力涉猎古代哲学和政治伦理思想，力争他们的学说切合中国传统，并且能把中国传统中长期对立的两类思想统一起来。同时他们也放眼世界，力争从西方国家的发展进步中吸取营养。

既然这样，他们对于正在他们眼前奔流不息的两大思想洪流怎么能不重视呢？一是进化论和科学思想的洪流，一是社会主义和民主思想的洪流；这两大思想洪流如果不能一致起来，社会便不能向前发展；这两大思想洪流如果相互冲突起来，社会便要陷入巨大的灾难之中；而这两大思想洪流如果能够一致起来，成为一个完整的阴阳并行的思想体系，那无疑就会产生巨大无比的精神力量。

所以历史发展到这个阶段，采用中西两类学术思想相结合的方法、进化论思想与社会主义思想相结合的方法、科学思想与民主思想相结合的方法，也正是易学的人道主义与功利主义阴阳并行的方法，已经水到渠成，成为一件不可避免的事情，也就是成为时势。

当时的思想家们怎能不理会这种时势，把自己的思想纳入这种阴阳并行的渠道中去呢？这在易学发展史上便出现一个转机，是易学思想再次复兴起来的兆头，对中国社会发展来说是一个否极泰来的兆头。

……

卷八

易哲学若干问题

导　读

这里批判易学史上流传下来的七种疾病，也即七种至今未能清算的错误问题，即算卦问题、繁琐哲学问题、无争哲学问题、循环论问题、伦理化问题、神秘性问题、兼收并蓄问题。七大问题以兼收并蓄问题为重心，应该认真批判，彻底纠正过来，纠正了兼收并蓄问题，其他问题也就易于纠正了。我们在批判易学，实质上是在批判中国的文化传统。中国的文化传统是很伟大的，但疾病缠身，问题很多，如不予以批判，它的伟大精神就无法弘扬起来，虽然有着七千年的文明史，这文明史对现代社会的精神文明建设就难以发挥作用，我们怎能掉以轻心呢！

一、算卦问题

要说明易学和算卦的关系，首先要说明上古时代两类算卦方法谁先谁后的问题。

那两类算卦方法，一是卜法，一是筮法。卜法比筮法简单得多，原始得多，应该早于筮法。

能早多久呢？我想应早很多世纪。

卜法也有多种，发展到龟卜法，已经进入早期文明时代，殷商后期龟卜的兴盛情况已由考古界考定明白。

卜的方法是这样，有疑则卜，所疑何事，由卜者拟出正反答案，同时依据传统习惯拟出达到正反答案的方式，通过传统习惯的操作过程，一次性地求得答案。这种答案非此即彼，十分明白，所以卜法算卦和易学没有关系。说明算卦虽然和易学一样久远，本来各行其是，易学代表着那时传统的理性思维形式，卜法算卦代表着那时传统的非理性思维形式。两种思维形式并存着发展下来，直到易学从阴阳符号时代发展到《易经》时代、形成卦爻辞句的时候，才具有了形成筮法算卦的条件。

筮法算卦法既已形成，便也和易学纠缠不休，天长日久就如藤条缠树一样，把易学这棵树缠住不放，树和藤条也就难解难分。

筮法算卦形成于宗族隶属社会。

在宗族隶属社会中存在着贵族宗族和隶工、隶商、隶农宗族的阶级划分，在贵族宗族中存在着主人和家内奴仆的阶级划分。家内奴仆是由主人直接统治的，和主人生活在一个家内，但没有自由权利，他们每做一件事，每进行一项事业，都要请示主人，主人说什么就干什么。但主人高高在上，对他们请示的事未必了解，也未必认真地答复他们。主人的心里到底想什么，主人的意图到底要什么，怎样才能做好事也得到主人赞赏，无疑成为他们时常揣摸的问题。

他们凡事要请示主人，主人说什么就干什么，这对他们说来显然是非理性的，他们无须为这是否合情合理费脑筋；但要负起责任来做好其事，也得到主人赞赏，就需绞尽脑汁，做得恰到好处。

这种请示心理和揣摸心理加在一起，便构成奴仆意识，或称为奴仆哲学。这是一切不能掌握自己命运的人们的共同哲学，直到现代社会，一般公务员们和企事业的职员们还是这样，古代奴仆怎能不这样呢？

与此同时，在当时社会生产力水平低下而多种自然灾害频繁出现的时候，在这些自然灾害不断地肆虐人类而人力无法抗拒的时候，在人们知识贫乏对于多种自然现象认识不明的时候，作为奴仆的主人的贵族阶层在自然界面前，在社会神秘莫测的总体现象面前，也跟奴仆害怕主人一样感到害怕，也跟奴仆依托主人一样产生依托意识，他们积习已久的神灵观念便自然形成权威。他们只好来依托这些权威，来顺从这些权威，也就类似地处于奴仆地位，具有奴仆意识，凡事也不敢自作主张，也要请示神灵而后行。

怎样请示神灵而后行呢？

他们积习已久的卜法算卦虽然能起到这种作用，但卜法算卦究竟过于原始了，对于这时的贵族阶层说来显得不足。他们想来想去，就想到利用易学符号的运算方式作为请示神灵的新的方式，通过易学符号的运算方式求得卦象，然后通过卦象和卦爻辞句的象征意义分析义理；他们同时也就想到利用易学的卦爻变化的方法作为揣摸神意的方法，易学的取象法、卦变法、爻变法都因此发达起来，成为一种很神秘的学问。

从王公以至大夫，大小层次不同，只要事关重大，都要斋戒沐浴，诚惶诚恐地祈祷神灵，用筮法（也即易学符号的运算方法）求得卦象，算是得到了神灵的象征性的答复；然后进行卦爻演绎，像奴仆们揣摸主人的意图一样揣摸出一个结论。

这样一来，每个人都会揣摸出一个结论，十个人会有十个结论，百个人会有百个结论，怎能一致起来？就须通过讨论，集思广益；还需权威认定，这权威通常不是政治权威，而是学术权威。所以这样演绎、揣摸、讨论和认定的结果，一些情况下也会形成具有理性精神的见解。

正因为这种原因，孔子和他的门弟子们在继承和发扬易学哲理过程中，在编写《易传》过程中，在一再声明“善为易者不占”的同时，适当保留了筮法算卦的地位，筮法算卦法也就名正言顺地流传下来。

这是孔子和他的门弟子们犯下的一个错误。

也是先秦易学史上犯下的一个错误。

汉代立国以后，推行独尊儒术的政策。汉代儒术是鲁国儒学和阴阳五行思想的杂烩，《易经》作为儒学典籍，也被阴阳五行思想侵入进来，而且喧宾夺主，把易学原有的阴阳符号系统、卦爻辞句系统、筮法和卦爻辩证系统纳入它的阴阳五行的框套形式中去，发展为易学的象数学说和象数算卦法。由于汉代的文化专制主义阻碍了学术的正常的发展道路，易学象数学说和象数算卦法都空前繁荣起来。

和筮法算卦比较起来，象数算卦法缺乏主体意识，因为这时算卦已成为一种职业，算卦不再由算卦者自己操作，而是通过算卦职业者代为操作。

也缺乏严肃意识，因为这时算卦活动普及到下层社会，算卦者不再斋戒沐浴，祈祷神灵，而仅仅拿出钱物即可以达到目的。

也缺乏辩证意识，因为这时筮法算卦的运算操作被象数算卦的机械操作所代替，算卦者不再反复讨论。

也缺乏理性意识，因为筮法算卦在上层社会流行，上层社会相对说来是有文化知识的，能够理智地思考问题，对于算卦结论认为合理时便于认从，认为不合理便不于认从；而这时的象数算卦法普及到下层社会，下层社会一般都是没有文化知识的，因而也是没有独立思考能力的。况且从汉代起信仰主义盛行，迷信活动泛滥成灾，无论下层社会、上层社会，都被许多糊涂观念蒙罩着，对于算卦怎能不盲目地信从呢？

这是汉代易学家们犯下的一种错误。

这在易学史上是一错再错。

由于一错再错的缘故，算卦活动从此作为迷信形式的主流在我国历史上流传下来。

魏晋以后，道教和佛教兴盛起来，寺院和庙宇也兴盛起来，在象数算卦以外又兴起抽签算卦。人们有事只要进寺庙去烧个香，叩个头，把签筒拿将起来摇摇摇，便摇出一个签来，签上便有一句话，或一首偈文，便是神佛早已为你出好的主意，或者早已为你备好的一个结论；什么事都由神佛前定，什么事也都有解救方法，只要你肯贡献钱物，神佛便会保佑你逢凶化吉。

抽签算卦和求神拜佛结合在一起，在很长时间内和象数算卦法并驾齐驱。

和抽签算卦同时还有无数的乌七八糟的算卦法也在我国历史上流传下来，我国历史上究竟流传过多少算卦法，那实在不可胜计。

虽然这些算卦法和易学没有直接关系，但和易学算卦法有着共生关系，而且同样打着易学算卦的招牌，叫天下的老百姓误以为都是易学，叫现代的知识人误以为易学不过是这些乌七八糟的算卦方法。所以易学作为一种学术思想说来，在现代的学术界备受误解。

象数算卦法形成于汉代社会，我国从汉代始进入滞塞拖延的封建社会，所以汉代的象数算卦法、魏晋的抽签算卦法和种种乌七八糟算卦法，都是适应着滞塞拖延的封建社会的思想意识，有着极为消极愚昧的社会性质。

在滞塞拖延的封建社会里面，存在着小农经济的生产方式，不仅广大的农村社会是这种生产方式，遍及城乡社会的工匠阶层、商贩阶层、服务阶层、技艺阶层和知识阶层，也多是这种生产方式。这种生产方式的基本特点，一是面对社会的全面的绝对的专制主义，毫无自由权利可言；二是生产的自然状态，生产的效果怎样，不能由生产者完全把握，社会专制和自然界的专制加在一起，形成的绝对力量，叫人们感到压抑，也感到神秘莫测；三是这种小农经济的生产方式恰恰形成为一个个的小自由的个体，这就形成矛盾，使千千万万的人处在既不能自由选择又不能不自由选择的境界。

这种自由选择是什么？就是预测。

比如农民自己种地，一切由自己负责，到底种麦好呢还是种豆好呢？假设麦、豆不可两成，你将种哪一种呢？农民对以后的气象怎能知道呢？农民世代种田，积累了以往多年气象变化的知识，对气象怎能不知道些儿呢？而气象千变万化，农民怎能全都知道呢？预测是理性思维，但是在这样的情况下，理性思维就显得不足。

比如商人把货物运到很远的地方去卖，原知道可以赚钱，运到以后偏遇行情突变反而赔钱了；原知道可以赚钱，就是理性预测，因遇行情突变反而赔钱了，理性预测能力也就显得不足。

这样一来，愚弱的人便想到比自己高明的人，想从高明的人那里领教；懒于思考的人便会用别人的预测作为自己的预测；而更多的人便会求神问卦，或求算卦职业者代为求神问卦。这样积习已久，就形成算卦习惯，再进一步形成群众性的算卦活动的习惯势力。

我们已经把筮法算卦法和易学的关系比作藤条缠树，这些藤条至今还缠在这棵树上，如不加以清理，将会长久地缠着下去。

汉代的象数算卦法、魏晋而后的抽签算卦法和乌七八糟算卦法又如蔓草一样缠在藤条上面，而且密密麻麻地缠着，层层叠叠地缠着，缠得树本身再也见不到多少阳光；树日渐萎谢，而藤条和蔓草却越长越旺起来，为我们的清理工作形成障碍。

这就是问题所在，是我们今天还要解决的麻烦事情。

我们千万不可低估了这些麻烦事情，这些麻烦事情实在太多了，叫我们望而却步。我们只好抛弃这棵日渐萎谢的老树另外培育一棵新树传宗接代了。

我想这样一说我们就不再为算卦的事负责了！

二、繁琐哲学问题

繁琐哲学也作烦琐哲学。繁，是说这哲学形式上是繁复的，比如逻辑性不强的人说起话来那样子，一句话能说明白的事，他却要说许多遍，到头来还是说不明白。烦，是说这哲学内容是空洞的，道理是很少的，逻辑是谬误的，论证是虚伪的，说得越多叫人听起来越加心烦。

繁琐哲学一词源于西方古代的天主教经院哲学，那时天主教的神权统治凌驾于欧洲列国的君权之上，而且维持了很长时间。神权靠什么来维持呢？靠《圣经》，靠《圣经》中描绘的那位上帝，靠上帝的全知全能和生杀予夺的权力，而这权力是不可见的，所以需要论证，经院哲学正是适应这种形势形成的一种学问。这种学问是受神学支配的，便不能离开神学轨道，神学轨道的单一性把哲学紧紧地束缚起来，以致一代代的经院哲学家们把很少的一点道理，用很多大体相同的话一说再说，永远的说个不休。由于经院哲学成为当时社会唯一的哲学思想，受不到任何批驳，谬误流传后代，反而被视为绝对真理。

这就说明，繁琐哲学乃是文化专制主义的产物。

我国历史上的文化专制主义是从秦代开始的，到西汉初期一度消失，到汉武帝时代又恢复并从此巩固下来。先秦时代兴起的筮法算卦和阴阳五行学说已经具有繁琐哲学的性质，到了汉武帝时代都忽然发狂起来，像阴雨连绵时节到来，满山遍野上乱草丛生，而且越长越旺，很快把五谷和杂粮都吞灭了。

汉代的繁琐哲学多是围绕儒学群经发展起来的。《易经》被列为群经之首，所以最被重视，从《易经》发展起来的象数繁琐占了繁琐哲学的一大部分。象数繁琐从研究卦象和筮数出发，结合久已盛行的阴阳五行的繁复套式，及从阴阳五行的繁复套式演绎而成的多种多样的繁复套式，通过主观杜撰和随意罗织的方法，发展成为不可胜数的繁复套式。流行最广的如卦气说、纳甲说、爻辰说等，在历史上的影响经久不衰，至今还有许多易学家热心研究。

卦气说是什么呢？

是以《易经》的卦象来比附一年的节气变化，认为一年、四季、十二月、二十四节、七十二候（每候五天）无不与六十四卦的不同卦气有关；认为把卦气和节气掺合起来，对照起来，便有无穷道理会从中产生出来。其实没有什么道理会从中产生出来。

纳甲说是什么呢？

是把《易经》的六十四卦按乾、震、坎、艮、坤、巽、离、兑这个八卦序列和上世、一世、二世、三世、四世、五世、游魂、归魂这个八世序列纵横排列起来，称为八宫卦列。这已经是个莫明其妙的排列形式，他们又给这个排列形式配上天干和地支，前后错杂起来，形成一系列排列形式。所谓八宫卦列本来就没有什么意义，所谓天干不过是甲乙丙丁戊己庚辛壬癸这十个表示顺序的名词，所谓地支不过是子丑寅卯辰巳午未申酉戌亥这十二个表示顺序的名词，本是风马牛不相及的事物，而他们任意地套来套去，说得头头是道，好像这里面包藏着万万神机。其实什么神机都不会有。

爻辰说是什么呢？

是把《易经》的六十四卦按照通常的排列顺序，把每相对的两卦作为一组，把每组的十二爻排列起来，与一年的十二个月相配合，叫做爻辰。六十四卦共分为三十二组，依次代表着三十二年，就是爻辰的一个轮回。每一轮回从乾坤开始到既济、未济结束，像六十花甲一样循环往复，以推算年代作为；认为哪一年应干什么，哪一月应干什么，都能够推算出来。其实什么事都不能推算出来。

和象数繁琐同时存在着框套繁琐、注解繁琐、演绎繁琐、复制繁琐、谶纬繁琐，等等。多种繁琐哲学之间既有区别，也有相通的地方，比如象数繁琐同时兼有框套繁琐的形式，不能截然地分割开来。

框套繁琐是什么呢？

是把几个现成的套式生硬地套在一起，以显示社会人生的某种道理。西汉有名的京房易学，就是把卦气说、八宫卦说、五行说、纳甲说、阴阳二气说等硬性配套起来形成的庞大的框套体系。东汉有名的郑玄、荀爽、虞翻也都以这种方法来建构他们的庞大的框套体系。汉代以后还有许多新花样创造出来，如宋代邵雍所著《皇极经世书》，竟然用数学演算的方式来推论世界进程，提出元、会、运、世的理论，规定一元十二会，一会三十运，一运十二世，一世三十年；认为世界以三十年为一小循环，以十二个小循环（即三百六十年）为一大循环，以三十个大循环（即一万零八百年）为一更大循环，以十二个更大循环（即十二万九千六百年）为一最大循环，世界也就毁灭了。这种年代循环理论有无根据呢？当然毫无根据，但是在他说来都是有根有据，根据就是筮法算卦的数字、六十四卦的次序和汉代以来的多种象数排列，而且把这一切更进一步神秘化，套出一个空前绝后的莫明其妙的系列。据说《皇极经世书》写了 20 年时间，据说一般学士要把这套学说学到手也需要 20 年时间，你想这是多么可怕的一堆烂货。邵雍以后，继承这种事业的代代都有，如康有为这位颇伟大的思想家也是这样，他的托古改制思想、三世六别思想和他整个思想的公式化，都是师承邵雍的后果。

注解繁琐是什么呢？

是这样，《五经》也罢《易经》也罢，都已定型了，都不能增加或减少一个字词，可怜的文豪们便来注解；后来的文豪们再来注解这些注解；再后来的文豪们再来注解这些注解的注解。这样一代代注解下来,《五经》上的一段话往往注解出几万字、几十万字,注解越多,《五经》原意反而模糊不清了。

演绎繁琐是什么呢?

是一些自命不凡的文豪们不晓得《易经》二元结构法的真理性质,认为前人创造了二元结构,他为什么不能创造一种三元结构、四元结构、五元结构呢?汉代扬雄创作《太玄经》三元结构,历史上已经传为笑柄。宋代司马光又创作了《虚潜》五元结构,也在历史上传为笑柄。虽然传为笑柄,还有许多人步其后尘,一再纠缠不休。

复制繁琐是什么呢?

是有一些文豪节外生枝,画蛇添足,而且添起足来,一添就不可收拾,十足、百足、千足、万足,无限地添加下去。这方面最突出的例子是汉代的《焦氏易林注》,竟然把六十四卦的每一卦再演为六十四卦,计算起来就有四千零九十六卦,二万四千五百七十六爻,真是洋洋大观。虽然洋洋大观,却没有一点意义。

谶纬繁琐是什么呢?

是汉代谶纬迷信流行年代,谶纬学家所写的《五经》纬书,用当时人们能够想到的大量的神话、仙话、鬼话、屁话来曲解《五经》,也曲解《易经》;也像重重叠叠地注解一样,重重叠叠地曲解,也真是洋洋大观,如洪水铺天盖地,把一切理性精神淹没无遗。

汉代的象数繁琐经过王弼易学和魏晋玄学运动的冲击崩溃了,但没有消失下去,在宋代发展为图书繁琐,在清代发展为考据繁琐。

图书繁琐是什么呢?

是以太极图、八卦图、五行与河图洛书为基础，随心所欲地相互搭配，相互演绎，画出不可计数的花样图式，但有什么用途呢？无人能知。

考据繁琐是什么呢？

是不准有任何创造发明，不准有丝毫时代精神，不准有些微评论指点，而只准钻入文献群书的故纸堆中寻章摘句，考证那些毫无生气的文字的来龙去脉。清代前二百年就是这样。在这期间，有名的考据学家惠栋一生从事考证《易经》的结果，只是要改正《易经》的 17 个字，但在别的学者看来是改而不正，他一生的聪明才智也就白白浪费了。

在西方世界，对繁琐哲学的批判在文艺复兴时代开始，随着文艺复兴运动的胜利得到清算。

而在我们国家，对繁琐哲学的批判远在战国时就开始了，而没有得到清算。我国接连发生的多次思想解放运动，都要对繁琐哲学进行清算，都没能清算得了，以致繁琐哲学作为一种错误的学术方法，配合着文化专制主义一直传承下来……

这问题怎样解决？

我想我们只能采用“金蝉脱壳”的方法。

也就是说，我们不再承认它们，也不再研究它们，因为它们本来没有什么价值，现在更加没有什么价值了。

三、无争哲学问题

六十四卦都有六个爻，乾坤二卦却有七个爻。

乾卦的六个阳爻之后加了一个用九爻，是统论一切阳性事物应具有的基本精神是什么；坤卦的六个阴爻之后加了一个用六爻，是统论一切阴性事物应具有的基本精神是什么。

乾卦用九爻的爻辞是：“见群龙无首，吉。”已经译为：“出现了成群的龙，成群的龙没有头领，龙的性格是争雄，在争雄中决胜，头领应运而生。”六十四卦中的一切阳爻的基本精神、世界上的一切阳性事物的基本精神都和这一用九爻辞有关系，所以对这一爻辞的译解便有纲领性的意义。如果译解得不够准确，易学哲理的方向就会偏失。

乾卦的基本精神是什么？一切阳性事物的基本精神是什么？无疑是竞争和积极进取精神。

乾卦以龙为象征，正是对于这精神的肯定。

在我们古代人的想象中，龙是一种有着坚甲、利爪、锋牙、巨口的神物，像蜥类一样迅疾来逝，像鳄类一样强劲无敌，像鲸鱼一样横行海域，像鹏鸟一样腾空万里，像山峦一样蜷伏不动，像云霓一样变化无穷，像神灵一样呼风唤雨。龙的性格是什么？如果拿着这个问题去征求人们意见，我想所有人都会作同样回答：龙的性格就是争雄决胜，用普通的话来说就是竞争。

所以用九爻辞说的“见群龙无首，吉”这一句话，实在是在向我们显示一种群龙竞进的景象，要我们用竞争的观念去理解自然界和人类社会的进化过程。

不幸《易传》在这根本问题上犯了错误，把这一道理做了相反的解释。《易传·小象》中说：“用九，天德不可为首也。”译成普通的话是：天道伦理就是不争取作为强者。强者这种地位从来就是人们普遍向往的地位，无数英雄抛头颅，洒鲜血，都为着能得到这种地位；无数文人冒寒苦，费心机，都为着能得到这种地位；无数商贾冒风险，历艰辛，也都为着能得到这种地位。

这地位也就是胜利者、前进者的地位，放着这样的地位而不肯争取，世上还有什么值得争取呢？

《易传·文言》中说："乾元用九，天下治也。"依历代学者解释，就是无为而治，天下可以无为而治，还有什么值得我们去为呢？

无为而治是道家学说的基本思想。在《易传》流传过程中，道家学说曾一再侵犯易学，把易学拖向消极，形成《易传》的无争哲学。但《易传》的无争是不与人争，虽然不与人争，还要自强不息。所以《易传》的无争哲学比起道家无为哲学来要好一些，而和乾卦的竞争前进思想比起来要差一些，差就差在要自强不要争强这一点上。

自强能不能向前进呢？

是能前进的，但前进的劲头是不够的，前进的速度是不够的，前进受到自家内在的惰性的制约，就不能不断前进。也就是说，自强不可能达到不息。

因为世界不是一个人的世界，而是许多人的世界；不是一个集体的世界，而是许多集体的世界；不是一个民族的世界，而是许多民族的世界；不是一个国家的世界，而是许多国家的世界；作为个人不能离开群体，作为集体不能离开社会，作为民族或国家不能离开世界。任何人、任何集体、任何民族、任何国家，都不能自我封闭起来，自行其事地自强不息。你自强不息，自以为强了，你所谓强便只能和你的过去相比，四人帮时代我们不断开展的忆苦思甜运动、新旧对比运动、自吹自擂运动，就属于这种性质。

我们关起门来建设，比较过去确实进步了，一旦打开国门向外面的世界看一眼，才恍然大悟，原来我们的强和人家的强差得很多。这是较近的一个例证。

在清朝建国以后，中国的工农业生产也得到长足进步，清朝的皇帝们看着这些觉得了不起，自以为天下第一，他们没有想到西方国家进步得那么神速；结果叫西方国家打进来，才痛感不如人家。这是较远的一个例证。

因为社会是许多人许多集体共存的一个系统，世界是许多民族许多国家共存的一个系统，共存只能是在发展中共存。所谓发展，一是所有人都要发展，而发展的条件是有限的，这时竞争律便要发挥作用，只有在竞争中取得优胜地位的人们才能得到发展的条件；二是整个社会也要发展，而发展的条件同样是有限的，这时扬弃律便要发挥作用，得到发展条件的人们才能存在和发展下去，而得不到发展条件的人们，存在已成问题，发展就更加不可能了。个人是这样，集体、民族和国家也是这样，只能在竞争中共存，在竞争中发展，自成系统、自我封闭、自强不息的想法仅仅是一种幻想，因而是一错误哲理，我们被这一错误哲理困扰了几千年了。

所以我在这本书中把乾卦象辞的“天行健，君子以自强不息”要改一下，把自强改为争强。同时考虑到《易经》的语言特色，把争强写作贞强，一是争取作为强者的意思，二是争取保持强者地位的意思。

《易传》中说：“吉凶者贞胜者也，天地之道贞观者也，日月之道贞明者也，天下之动贞夫一者也。”已经译为：“指明吉凶的可能性是为了叫人们争取成功。天地的运转是争取长盛不衰。日月的运转是争取光明永驻。世界持续不断的运动是争取日益完善。”这里的贞字如果不作争取和保持来讲，那是讲不通的。所以把贞译解为争，把自强译为贞强是很自然的，而且这一译解，易学的整个思想也就完整起来了。

易学不是强调功利主义吗？

《易经》和《易传》中充满着“功”和“有功”的字眼，也充满着“利”和“利用”的字眼，这些“功”字和“利”字加在一起，无非要人们竞争前进。

易学不是强调不断前进吗？

《易经》和《易传》中充满着“往”“以往”和“利有攸往”的字眼，都是叫人认识世界是在不断前进的，叫人不断地竞争前进，以达到人生的理想目的。

易学不是强调变通吗？易学不是把它的整个思想体系视为变通哲理吗？

《易传》中说：“变通者，趋时者也。”时是时势、时机和瞬息万变的机；趋是捕捉、把握、探索、追求和见机而作；趋时，是要人们鼓起勇气，运用自我的全部能力，刻不容缓地把所要的时势和时机抢到手中，只有这样才能够取得优胜，成就事业。这变通的整个过程不就是个竞争前进的过程吗？

四、循环论问题

中国文化源远流长，在伏羲神农时代有所创新，在轩辕黄帝时代进入文明社会，在尧舜禹时代战胜了各种自然灾害，在夏代和商代得到发展，在周代进一步得到发展，到春秋战国时代实有五种哲学思想得以流传下来：主要是易学思想和反易学的道家思想，还有阴阳思想、五行思想和天命论思想。

五种哲学思想比较起来，易学思想沉而未没，经孔子打捞上来，经孔门弟子们修复起来，以新的面貌重返人世，很快被列国的学者们奉为经典。

易哲学的本体论是二元论、结构论的，方法论是系统论、辩证论的，历史观是科学论、进化论的，认识论是理性实用主义的。这一切综合起来，自然构成一种积极前进的趋向，是推动春秋战国时代学术进步的主要的思想力量。

但是由于易学在其沉沦过程中与筮法算卦活动牵连过多，由于孔门弟子传易过程中伦理化、神秘化的倾向，易学哲理并没有得到提高；《易传》作为易学哲理书也没有达到完善的程度，显得零乱、模糊、迷离、粗疏，像卢山一样被云雾蒙盖起来，真面目很难看清，这种情况对它的传播和学习造成困难。而在同时，反易学的道家思想却因为《道德经》一书的创作成功再次飞扬起来。到战国时代再次压倒易学，取代了易学在鲁学、齐学和三晋学说中的主导地位，把本来中立的阴阳哲学和五行哲学据为己有，并且进一步侵入易学的肌体之内，把易学改造得面目全非。

道家思想的反易学性质，主要表现在辩证法方面。

易学的全面辩证法是二元律、二极律、二反律、二替律、因果律、来去律、主客律、客主律。虽有八项规律，但以二元律和二极律统摄全局，在运用其他规律论事的时候，都须以这两个规律为依据，否则所论证的结果就会偏失。先秦时代的易学家们虽然未能认识到八项规律的全面的辩证法则，但对二元律和二极律的认识接近明确，这就抓住了最根本的东西，所以能够通过辩证得出事物在不断发展进化中的结论，也得出历史在不断发展进化中的结论。

与此相反，道家哲学的辩证法仅仅抓住二替律来做文章，认为世界上的一切变化只是这规律在起作用，认为变化只是“反者道之动”一点道理。用现代的话来说，就是认为统一事物中包含着两类矛盾，两类矛盾的发展规律是各自向着它的对立面的转化；假设为甲乙双方，甲向乙转化，事物性质由甲变成乙；乙再向甲转化，事物性质由乙变成甲；甲再向乙转化，事物性质又变成乙，这样循环往复以至无穷。

《道德经》上说：“万物并作，吾以观复，夫物芸芸，各复归其根。”译成现在的话是：天地万物的变化虽然复杂得很，我只用循环论的观点看待它们，这样我就能够认识一切变化无不最终回复到它的本来的样子。

又说：“周行不殆，可以为天下母。”译成现在的话是：一切事物都在圆形轨道上运行不息，这是道学辩证法的根本。

道家的循环论就是这样，看来很多样的世界被它简化为一个圆圈，看来很多变的事物被它统统放在这个圆圈上旋转不休。在他们看来，社会应该永远停留在原始时代，人们应该永远过着荒蛮的生活方式，他们的愚昧和保守发展到这步田地，实在是现代人很难相信的一种事实。

道家的循环论思想怎样侵入易学肌体之内，并且把易学思想改造得面目全非了呢？

首先是侵入了阴阳哲学和五行哲学，把这两种哲学合并为阴阳五行哲学以后，再把阴阳五行哲学和易学合并起来，绕了一个大圈子才告成功。

阴阳哲学本是易学思想沉没后尚存的一个轮廓，以后发展为独立的哲学体系。春秋时代的上层人多具有这种思想，认为世界上的一切事正常的话便是阴阳均衡的结果，反常的话便是阴阳不均衡的结果。当阴的因素上升时自然界便形成阴湿多雨的偏失现象，社会便形成消极沉沦的偏失现象；当阳的因素上升时自然界便形成干旱多风的偏失现象，社会便形成荒淫浮躁的偏失现象；当一种因素对另一种因素形成压抑从而引起反抗的时候，自然界便有地震、山崩等灾难发生，社会便有饥荒、动乱等灾难发生。只有当这两种因素均衡的时候，才会出现风调雨顺、国泰民安的理想局面。

在此同时，他们认为所有这些灾难也是由人们的精神状态失常所招致的后果，特别是王侯们的精神状态失常所招致的后果。所以王侯们从事一切事、处理一切问题，也要依照阴阳均衡的原则、合理调节的原则，而不可偏激从事。

这些思想看来也是很好的，不过自然界和社会的事都是既复杂又多变的，仅用阴阳二概念怎能囊括得了？所以论证起来便失于抽象，对于具体的事只能做出不具体的论证，论证也就很难是正确的了。

由于存在这样的一些缺陷，当道家的循环论思想向它袭来的时候，实无力予以抗争，阴阳均衡便被逐步地引上阴阳互变的方向，认为阳变阴、阴变阳，阳又变阴、阴又变阳，才是世界上一切事物正常反常的原因。到这时候，阴阳就被赋予善恶、美丑、明暗和正邪的两极意义，原来意义上的阴阳哲学也就不存在了。

五行哲学本是一个古老的朴素唯物主义思想，认为世界是由金、木、水、火、土五种元素构成的系统工程，同西方哲学中水、火、土、气的观念大体上是一样的。但是五行论的哲学家们没有逆流而上，像西方哲学那样去探索世界的统一性，把五行思想发展为原子结构；也没有顺流而下，去探索物质和物种的分解过程，把五行思想发展为化学元素。而是到此为止，把五行凝固起来、僵化起来，变成一种五德兼备的伦理观念。

五德兼备的具体内容在《尚书·洪范》中略有见解，但实在不够明确，只说了“水曰润下，火曰炎上，木曰曲直，金曰从革，土爰稼啬”这一段笼统的话。《尚书·洪范》专讲政治伦理，而且把五行置于首位，可见这里所说五行便是五德兼备的意思。所以这段话我们可以做这样解释：水向下浸润，水德是人道福利的象征；火向上燃烧，火德是功利奉献的象征；木可以使曲，也可以使直，木德是法治和功利的象征；金能由人随意地改变形状，金德是改革和革命的象征；土能够滋养万物，土德是博爱真诚的象征。看来五德兼备与易学的八德共济同是古代社会的伦理观念，能说这不也是很优秀的伦理观念吗？

但是从五行到五德，从物质到伦理，并没有内在的什么联系。当道家循环论向它袭来的时候，便缺乏招架之力，只好摇身一变，变成一个木生火、火生土、土生金、金生水、水又生木的五行相生的循环模式；接着又摇身一变，变成一个水克火、火克金、金克木、木克土、土又克水的五行相克的循环模式。

阴阳哲学和五行哲学都已道学化，成为同样消极的循环论证思想，成为本质一致的两种形式，它们的结合也就不可避免。当它们真的结合起来以后，便形成为一种更加消极的哲学体系，就是阴阳五行学说。

它的创始人是齐国的邹衍，因其极为雄辩，一时被列国的诸侯们看作圣人，其实不过是一个学术骗子。他的特征和他的学说的特征一样，可以用一句话予以总结，就是弄虚作假。他谈地理，先从近处谈，说得详详细细，准准确确；再从近到远，说到九州四夷，便有很多错失；然后说到四夷以外的遥远的世界便一概信口开河。谈天文、历史、政治、伦理，也用着这种方法，总之是由近及远、由浅及深、由真及假，最终把虚幻的事理叫人们信以为真。

据历史记载，他一生著述很多，以后都失传了，所以我们对于他的阴阳五行学说的全貌已经无法知晓，唯有五德终始说通过《吕氏春秋》的转述流传下来。

所谓五德终始，是说天地间存在着一个从土到木、到金、到火、到水、再回到土的循环往复的政治气数，得到气数者便能称王称帝；到一定时候气数尽了，便由下一个气数获得者代替，就是这五个气数的循环往复决定着历史的发展过程；每个朝代应验着一种气数，每五个朝代应验着一次循环。这样说来，社会的发展既非生产的发展，也非文化的发展，也非科学技术的发展，仅仅是气数的循环罢了。

阴阳的循环、五行的循环，最终发展为这个五德终始论循环模式，循环论思想得到封建统治者的扶持算是得时了，它对易学思想的优胜地位也就形成了。

与此同时发生的另一个学术演变，是道家无为而治的消极思想从东楚一路杀来，在孔子以后不久侵入鲁国儒学，改变了鲁国儒学的有为性质，使鲁国儒学趋向保守；但它打着孔子的旗帜，被人们视为正统，具有极大的号召力量。

大约在孟子时代，道家和鲁国儒学的联合力量又北上侵入齐国，在齐学中形成黄老学派和齐国的儒家学派。

当时齐国人实行学术自由的政策，所以还有别的学派同时存在。秦始皇统一中国以后，残酷地迫害儒生，摧毁儒学，又狂热地推崇阴阳五行学说，这样一来，同在齐国原地的儒学和阴阳五行学说便很快融合起来。

到了汉武帝独尊儒术、起用儒学大师董仲舒的时候，董仲舒的儒学早已与阴阳五行循环论结为一体，成为集道家思想、阴阳五行思想、儒家天命论思想于一身的大一统的体系。虽然以儒学的面貌出现，却已不同以往。

与此同时，原来作为一支独立的哲学体系存在的易学思想，因为道学和阴阳五行学说的逼迫，越来越紧地依附儒学，成为儒学内部的一门学问。

后来《易经》又被推崇为群经之首，在汉代独尊儒术过程中形成的易学象数学派，在实际上就把道学和阴阳五行学说统统吸收进来了，把无为论和循环论思想统统吸收进来了。所以汉代的易学象数学派是以易学为骨架、以阴阳五行为血肉、以道家循环论为灵魂的三位一体的奇特哲学，易学从此也就变质了。

汉代以后，中国产生了道教，道教的循环论比道家更为偏激。同时佛教传入，且很快的中国化。佛教的因果论和生死轮回观念本来也是循环论的，在以后发展中又和中国的循环论结合起来，把中国原有的循环论推向高峰，而且普及到民间社会，使中国文化从魏晋以来一直沉浸在非常浓厚的循环论气息里面，使中国社会一直滞塞拖延在封建社会里面，使中国历史一直困扰在建设、破坏、再建设、再破坏的磨道里面。

一个旧社会被破坏了，而人们并没有新的打算，于是又走起原来的路。

我国历史上的思想解放运动虽然一再发生，多次形成声势，都因为循环论思想没有肃清，进化论思想没有树立起来，以致反对思想解放者最终得势，多次思想解放运动都被摧毁了。

五、伦理化问题

伦理化是我国学术发展历史上一大顽结，也是易学发展历史上一大顽结。

易学的伦理化从《易传》开始。

《易传》分为彖辞、象辞、系辞、说卦、文言、序卦、杂卦等，是产生年代和产生地域都不相同的片断文章。

彖辞是对卦象的综合辩证，哲理多于伦理，是易学爻变法的演绎，十分抽象而偏重形式。而象辞多是伦理观念的比附，有的切合哲理，有的并不切合哲理。

照风格推论起来，彖辞的推理与卦爻的结构形式紧密配合，所阐发的义理也与卦爻辞精神一致，应该属于周代以前时代的作品，也有周代部分修改的痕迹。而象辞所比附的伦理观念属于周代初期的正统观念，从头到尾体现了周代初期的人道主义精神，是周代初期人道主义尚未蜕变为亲亲恩赐主义那时的伦理准则，这事只此交待一下也就不予深究了。

应该深究的是象辞的伦理化开创了一个坏的先例，把卦爻辞的哲理弃而不议，把卦象孤立高悬起来，用伦理代替哲理来做论断，而且一些论断与卦爻辞牛头不对马嘴。如既济、未济二卦显然是讲二极代谢规律的，而象传对于既济卦的论断却是“水在火上，既济，君子以思患而预防之”这一句话；对于未济卦的论断却是“火在水上，未济，君子以慎辨物居方”这一句话！

这种学风实在开启了我国学术历史上“非类比附”的恶习，从先秦以至近代，这恶习层出不穷。

邹衍可以用五种物质比附政治兴衰的气数，董仲舒可以用自然现象比附帝王的功过是非，朱熹可以用“月印万川”比附天理在人心中的普遍存在，真是一代比一代比附得更加出奇，比附的结果却把无限的谬误流传下来。“非类比附”的错误和因“非类比附”形成的谬误加在一起，便把人们的理性精神淹没了。

《易传》的其他部分也有伦理化倾向，尤以文言的伦理色彩浓厚得令人窒息，从头到尾充满伦理至上的义理，把乾卦飞龙的形象仅仅理解为帝王形象，把飞龙精神仅仅理解为中庸的思想品德。

如对乾卦初九“潜龙勿用”的论述说，“龙德而隐者也”，应该“乐则行之，忧则违之”。是说这是真龙天子处在不得时的时候，要潜伏下来，感到有兴趣的事可以去做，感到无兴趣的事就不要去做。

如对乾卦九二“见龙在田，利见大人”的论述说，“龙德而中正者也”，应该“庸言之信，庸行之谨”。是说真龙天子要用中正的思想培养自己，所说的每句话都应该是真诚的，所做的每件事都应该是谨慎的。这里所谓中正便是中庸的意思。

如对乾卦九三“君子终日乾乾，夕惕若，厉无咎” 的论述说，“君子进德修业”，应该“居上位而不骄，在下位而不忧”。是说真龙天子的修养原则是得到权势的时候不要骄傲，失掉权势的时候也不要丧失信心。

我们从以上论述能够看到什么积极精神呢？

能够看到什么哲学道理呢？

至于这篇文章中其他论述，也不过是些偏失伦理的堆砌，有些话还说得狂妄至极，如有一段话说：“夫大人者与天地合其德，与日月合其明，与四时合其序，与鬼神合其吉凶，先天而天弗违，后天而奉天时。天且弗违，而况于人乎？况于鬼神乎？”译成现在的话是：“真龙天子的本能本性，是和天地造化精神一致的，是和日月照耀一样光明的，是和四时交替一样和顺的，是和神灵一样洞察成败机宜的。看来天意尚未成熟的事，他要去做，天也会予以成全。看来落在天意后面的事，他要去做，也能赶得上天的脚步。天都不肯违抗他，民众怎么能违抗他呢？神灵怎么能违抗他呢？”

以上的话有无一点易学气息呢？一点也没有的。所以对于文言论述乾道的一片道理，除了予以否定，再也没有别的办法了。

文言中论述坤道的一些道理，则更加偏失。文中虽有引用孔子的话，是否为孔子所说，要打上许多问号。

在系辞中也有引用孔子言论的许多地方，统计起来共有二十三段之多，其中谈哲理的七段都切合易学的基本原理，把易学哲理阐述得精致入微，具有很高的学术价值。其中谈伦理的十六段却显得十分别扭，既不合易学的哲理原则，也不合易学的伦理原则。

这些关于伦理的论断的水平之低和关于哲理的论断的水平之高，两相比较起来，我们只能得出这不是一人所说。

如果我们肯定这些哲理论断为孔子说的，那么伦理论断就不是孔子说的；如果我们肯定这些伦理论断为孔子说的，那么那些哲理论断就不是孔子说的，我们应该肯定哪一方面呢？

毫无疑问，我们应该肯定那些哲理论断，除了孔子那时有谁能够说出那样深刻的哲理来呢？

六、神秘性问题

神秘性是易学发展历史上一大过失，而且从遥远的古代一脉相承下来。

所谓一脉相承，就是易学的系列的神秘性，诸如符号系统的神秘性、卦爻系统的神秘性、筮法系统的神秘性、象数系统的神秘性、爻变系统的神秘性、图书系统的神秘性，等等。

易学的符号系统形成于巫术时代。

对于巫术时代，西方人做过系统的研究工作，证明世界所有民族在其发展的原始阶段无不经历过那种情形。那时生产力水平低下，科学知识很少，人们面对自然界种种灾难，既感到无力抗争，又因为生活逼迫不得不与之抗争；面对自然界种种恩赐，既感到难以理解，又因为感情需要不得不感恩戴德；面对自然界种种机遇，既感到捉摸不透，又因为一再捉摸往往能得到意外成功，巫术活动正是在这样多次抗争、理解和捉摸的过程中形成的人与自然力交往的一种方式，这些无不有着很神秘的性质。

巫术活动究竟存在过多长时间，学者们只能以万年为单位来做计算，所以神秘性的历史也就只能说很悠久了。

大约在原始社会解体过程中，巫术也逐渐解体，被其他文化形式代替下来，在西方是被宗教代替下来，成为宗教的神秘性；在我国是被学术代替下来，成为学术的神秘性。

因为这样，西方的学术思想在与宗教分道扬镳情况下，能够避开神秘性的纠缠，从一开始便具有了明白无误的特色、细致入微的特色。而我国古代学术却被神秘性纠缠起来，而且千古流传，至今仍然是个尚未克服的问题。

尤其是在易学研究中是这样子。

那两个代表阴阳二性的符号、那八卦和六十四卦、那种排列顺序和组合方式有些什么意义呢？

说它是有意义吧，干巴巴地在那里，现在的学者看起来，还感到莫明其妙，可想而知它在上古人的眼中有多么的神秘了。

说它没有意义吧，却从很久以前传来，而且一代一代都有学者传授不绝，能够从这干巴巴的符号中说出很多道理。那些学者在当时都是神秘人物，因为那时文化知识掌握在他们手里，他们的权力也就寄托在这些符号系统里。他们长期操持对符号系统的解释权力，而且一代代积累下来，就形成卦爻辞句系统。

易学的符号系统和卦爻辞句系统结合在一起，形成《易经》一书，易学因这一书定型化，从上古流传下来。据文献记载，夏代的易书称作《连山》，商代的易书称作《归藏》，周代的易书称作《周易》。三种易书都以六十四卦为基础，都以神道设教的形式对人们施加影响，所以易学的神秘性不断增多。

这种情况发展下来，在汉代又与阴阳五行学说的神秘性结合起来，在易学内部形成象数学派的繁琐哲学，在易学边沿形成谶纬信仰，两种神秘哲学叠加起来，汉代四百年便在一片昏迷中没落下来。这罪过不算则已，算起来也够严重的了。

这种情况再向前发展下来，在魏晋南北朝时期又与道学的神秘性结合起来，在易学内部形成义理学派的繁琐哲学，在易学边沿形成玄学的神秘思潮，又蜕变为佛学的神秘思潮。唐代三百年也在一片昏迷中没落下来。这罪过算起来更为严重，因为唐代比汉代攀得更高，也跌得更惨一些。

这种情况再向前发展下来，又与佛道二教的神秘教义结合起来，到宋代的时候，在易学内部形成图书学派的繁琐哲学，在易学边沿形成理学学派。理学作为理教统治中国人八九百年之久，宋元明清四代也都在一片昏迷中一次次没落下来。这罪过算起来越加严重，因为在这期间西方经历了文艺复兴时代，中国经历了多次思想解放运动，它作为反面角色竟至顽抗到底。

这样说来，易学的神秘性思想及其影响所及，确实罪过很大，而且持续了很长时间。

但是深究起来，易学的神秘性思想并不是它本来就有的性质。在孔子传授《易传》当时，易学和它所牵连的神秘性思想的关系问题已经廓清了。

《易传》中说："易简，而天下之理得矣，天下之理得，而成位乎其中矣。"已经译为："易学是个易于认识的学问，也是易于践行的道理，正是理性实用的思想方法。掌握了理性实用的思想方法，也就掌握了认识世界的工具，天地、万物以至人类社会的规律精神也就易于认识了。认识了这些规律精神，也就易于践行，并在践行过程中克服困难，达到成功。"

《易传》中又说："易简之善配至德。"已经译为："易简是什么？就是理性实用主义，是人能够掌握运用的明白无误的思想方法。"

这就是易简原则，是易学的主要原则之一，具有极为明确的反对神秘性的性质。

所以在孔子《易传》以后发生的与易学有关的种种神秘性思想为害社会的问题，实在说来，都与易学本身没有关系，都是历代反动阶级及其文人学士强加于易学体系之上的异端邪说，是他们为了某种政治目的故意把易学思想神秘化了以后的恶果。

所以从孔子《易传》的思想角度看来，世界上的哲学道理本来应该具有叫人听了明白无误的性质。如果像道学那样把哲学道理讲得十分神秘，十分深沉，以至深不可测，那都是故弄玄虚，把真理排除在外，把人们的思想引向迷误之途罢了。

七、兼收并蓄问题

兼收并蓄，也是一种问题吗？

是的，是一种问题，易学传统中有这种问题，中国文化传统中也有这种问题；这种问题比喻起来，像垃圾堆积在我们家里一样，往往越堆越多，把有用的东西反而埋没了。

把垃圾和有用的东西堆在一起，看得同样重要，同样地对待它们，世上有这样的愚人吗？

有的，而且多有的是。

自然这里所谓垃圾是指文化垃圾而言。

易学中的文化垃圾，从西周时代开始产生，正是筮法算卦成分，是一种依附在易学象数之上的迷信活动的形式。

孔子编写《易传》的时候，为什么把这堆垃圾收罗进来，实在叫我们不可思议。

这是易学收罗进来的第一批垃圾。

易学发展到汉代，又跟战国时代流传下来的阴阳五行思想和框套繁琐哲学结合起来，形成易学象数学说和象数算卦方法。

对易学说来，是其收罗进来的第二批垃圾。

垃圾越来越多，日甚一日地散发着腐臭之气，流毒千古，直到如今。

在易学史上，在魏晋时代兴起的王弼的易学义理学说，是对易学垃圾的第一次清理工作，但清理不够彻底。

在宋代兴起的易学新学、理学和功利学说，是对易学垃圾的第二次清理工作，但清理同样不够彻底。同时又有新的易学象数学派和易学图书学派在收罗和制造新的垃圾，垃圾不仅没有减少反而增多了。

在明末清初兴起的以王夫之为代表的易学进化论学说，是对易学垃圾的第三次清理工作，但孤军奋战，力不从心，效果也就十分微弱了。

这三次清理工作都以失败告终，这到底为什么呢？

回答这个问题是很容易的。

我国自古以来就有多种文明共存共荣的传统，从周代以后又有多种学术共存共荣的传统，从汉代以后又有多种宗教共存共荣的传统。各朝各代的统治者大都乐于接受这种多种文明、多种学术、多种宗教共存共荣的文化局面，这就形成我国文化的大包容的特色。

川汇众流，才形成大江大河；海纳百川，才形成波涛万里，这显然是我们文化的一种优势。

但正是这种文化优势同时形成了我国文化的劣势，这劣势就是兼收并蓄。

大包容是正确的，而兼收并蓄是一种错误，而且是很大的一种错误，是我们文化传统中的根本性的错误。

为什么说兼收并蓄是错误的呢？

首先我们应该划清大包容和兼收并蓄的界线。

所谓兼收并蓄，拿人群来做例子，并不是说把男人和女人、老年人和少年人、农人和工人、读书人和劳动人兼收并蓄起来；因为人群中有男、有女，有老、有少，有农、工、商、学和各行各业的分别是正常的，这不叫兼收并蓄。

所谓兼收并蓄，是说把好人和坏人、好事和坏事、好思想和坏思想包容起来。好人、好事和好思想属于社会的积极成分，而坏人、坏事和坏思想属于社会的消极成分；如同样看待、不分彼此地包容起来，就是兼收；兼收进来了，又不分彼此地看待他们，就是并蓄。

所以大包容和兼收并蓄的界线，就在要积极成分和不要消极成分之间。

我国历史上的兼收并蓄现象，大约在战国时代在齐国兴盛起来。

在齐威王的领导下，齐国的文化事业蓬勃发展，建立了稷下学宫，把天下好学的年轻人收录进来，把天下的大学者聘请来作为国师，发起了战国时代有名的百家争鸣的学术运动。这一学术争鸣运动虽然是很自由的，但问题在于兼收并蓄，把许多消极的对于社会发展有害无益的学说包容进来了，如道学的消极无为思想、鲁儒的繁缛伪善思想、邹衍的阴阳五行思想、齐国民间的神仙方术和迷信思想，都一时得到发展；而代表中国积极文化传统的孔学、墨学、孟学和齐国的管子学说反而一个个败下阵来，被消极的学术思想淘汰了。

这就形成为反向淘汰！

我国历史上的兼收并蓄现象，在汉代以后形成为儒、佛、道三教并行。

三教中儒教一方是个力图顺天应人、治国安民的积极有为的宗教系统，而佛、道二教则是两个同样消极无为的宗教系统。把积极有为的和消极无为的两类宗教包容在一个系统之中，最终也落得反向淘汰，积极有为的儒教被淘汰出局，而消极无为的佛、道二教却被保留下来。

这就形成为自毁长城！

文化上的兼收并蓄为什么就会形成消极宗教和消极学术思想得胜呢？

因为消极宗教和消极学术思想乃是社会惰性意识的反映形式。因为社会惰性意识乃是社会没落阶层的思想意识久已形成的习惯势力，广泛存在于人民群众的意识里面。因为政治上层没有扶正抑邪的思想，不肯旗帜显明地站在积极有为的宗教和学术思想一方，把积极有为的宗教和学术思想与消极无为的宗教和学术思想一样看待，任其和平共处，消极无为的宗教和学术思想便会趁着社会惰性的强势铺天盖地地发展起来。

所以大包容要和选优淘劣的方法联结起来。

如能选优淘劣，兼收并蓄的问题也就解决了。

……

图书在版编目（CIP）数据

阴阳论：《易经》换代新生 / 屈文源著. -- 西安：陕西人民出版社，2016

ISBN 978-7-224-11941-1

Ⅰ. ①阴… Ⅱ. ①屈… Ⅲ. ①《周易》—研究 Ⅳ. ①B221.5

中国版本图书馆 CIP 数据核字（2016）第 200851 号

阴阳论——《易经》换代新生

作　　者　屈文源

出版发行　陕西新华出版传媒集团　陕西人民出版社

（西安市北大街 147 号　邮编：710003）

印　　刷　西安市建明工贸有限责任公司

开　　本　787mm×1092mm　16 开　16.75 印张

字　　数　150 千字

版　　次　2016 年 9 月第 1 版　2019 年 5 月第 2 次印刷

书　　号　ISBN 978-7-224-11941-1

定　　价　45.00 元